SCRIPTORES AETHIOPICI

SERIES ALTERA — TOMUS XXII

VITAE SANCTORUM INDIGENARUM

CORPUS
SCRIPTORUM CHRISTIANORUM ORIENTALIUM

CURANTIBUS

J.-B. CHABOT, I. GUIDI
H. HYVERNAT, B. CARRA DE VAUX

SCRIPTORES AETHIOPICI

VERSIO

SERIES ALTERA — TOMUS XXII

VITAE SANCTORUM INDIGENARUM

EDIDIT KAROLUS CONTI ROSSINI

PARISIIS
E TYPOGRAPHEO REIPUBLICAE

CAROLUS POUSSIELGUE, BIBLIOPOLA
15, RUE CASSETTE, 15

LIPSIAE : OTTO HARRASSOWITZ

MDCCCCIV

I

GADLA MARQORĒWOS

SEU

ACTA SANCTI MERCURII

QUAE SUPERSUNT

INTERPRETATUS EST KAR. CONTI ROSSINI.

Aethiopis sancti Mercurii (Marqorēwos) actorum codicem, qui unus mihi nec non Dabra Demāḫ monachis cognitus erat, a criminosis incendiariis fere absolute deletum iam dixi. Fragmentorum quae aethiopice edidi versio et epitome quam ante scelus feceram sequuntur : versio minoribus typis, epitome vero maioribus impressa est. Locorum nomina quae interdum secundum vulgarem tigraicam pronuntiationem codex ostendebat, ego, diligenter codicem secutus, transcripsi.

Ut in praefatione ad textum adnotavi, S. Mercurius, Manbartā oriundus, post varias peregrinationes coenobium Dabra Demāḫ seu «Monasterium Verticis» condidit in Danbalās, et anno Domini 1419 diem supremum obiit.

K. C. R.

Romae, a. d. XVIII Kal. Septembris A. D. 1903.

Multas post preces et deprecationes, quae ab Auctore *Fides Patrum*[1] appellantur, haec sequuntur :

CAPUT XV. — Regina Austri[2], cui erat nomen Mākedā, advenit : *p. 3.
eius adventi quidem causa *haec fuit.* Erat illi mercator quidam islamicus, cui erat nomen Tāmrin : *Regina* ei quingentos camelos dederat, quibus quae Hierosolymae et in Egypto diliguntur negotiaretur; multa etiam, scilicet aromata, et seṭuqāṭē, quod hyaenae

[1] Hāymānota Abaw. — [2] Multa de Regina Austri e Kebra nagast excerpta aut ad litteram exscripta sunt.

odoriferae est stercus, et galbanum, et styracis aquam, et elephantum cornua, quae eorum dentes sunt, et ceram, et margaritas quae Hierosolymae diliguntur et magni aestimantur, ei dederat ut vestes sericas ad eam afferret et auro intextas, et purpuram et alba serica et rubra serica et coccum et coccinum et alias sericas vestes, byssum et purpuram hyacinthinam, aurum et argentum, ferrum et aes et plumbum quod ignearum balistarum telum est, et tapeta quae eorum (= Hierosolymitanorum) idiomate ǧawoni, makmoni, quṭni dicuntur, cum quae ipsa dederat venderet : suum enim mercatorem Tāmrin instituerat. Ille autem Davidis temporibus mercaturam gesserat; Davide mortuo, eius filii Salomonis diebus Hierosolymam, ut assolebat, descendit : Salomonis facinora et sapientiam vidit, obstupuit et miratus est valde. Hierosolyma regressus, quae oculis suis viderat auribusque suis perceperat omnia dominae suae Mākedā enarravit et dixit : «Te ire et huius Regis sapientiam videre decet; namque videre quam audire melius est.» De his cum ei die noctuque verba faceret, Reginam somno et quiete privavit; haec enim Domini voluntas erat. Dixit ei Regina : «Sane, quae mihi dixisti omnia faciam!»

Caput. — Deinde suis servis et ancillis commeatum itinere necessarium, id est mel et butyrum, oleum et sal, triticum propter similaginem et florem farinae, lentes et cicera et hordeum parare; praefectis equos et mulos afferre, servos suos ancillasque novis vestibus induere et semetipsos ad iter parare iussit. Multa quae Hierosolymae diliguntur et magni faciuntur adduxit; ad quingentos qui antea iter fecerant camelos quingentos alios adiunxit, et proficiscitura se extulit. Magna equidem castra erant. *Regina* vero profecta est et Hierosolymam pervenit. Salomon, *Reginae* adventus rumore audito, eam benigno vultu excepit et magnas ipsi suisque aptas aedes dedit. Septem menses Austri Regina, cum mercaturam ageret
*p. 4. et Salomonis sapientiam adspiceret * et obstupesceret et miraretur, mansit; denique, rebus suis confectis, olim ad Salomonem processit qui solus et animo erat sedato, et ei : «Veniam mihi abeundi da, inquit, et me solve et itineri meo benedic, quia tu beatus rex, rex regum; nunc autem ad patriam meam revertar, nam sapientiam tuam, de qua, cum domi essem, auribus meis audiveram, vidi, et omnia mei cordis desideria explevi.» Salomon diu quid de ea esset faciendum sollicite studuit; in eam enim amore tenebatur, et ei dixit : «Antequam imperii instituta tibi ostenderim, tibi abeundi

veniam non dabo : morare!» Die quadam, Salomon in regiis aedibus, quae magnae erant et tribus partibus, sive inferiore, media et superiore, constitutae, congressus est : Salomonis congressus ea die in inferiore domu erat. *Austri Reginam* advocavit et in superiore domu, ut omnia imperii instituta videret, posuit ; Reginae epulas sitim incendentes dare pistorum magistro, qui domino ministrabat, potionesque esuriem incendentes Reginae dare servorum qui hydromeli ferunt magistro praescripsit. Salomon a mane usque ad vesperam, cum omnibus imperii viris comedendum et bibendum daret, diem egit : illa, vero, omnia cum aspiceret, mirabatur et obstupefiebat. Populus laetatus est (?). Et omnes domum profecti sunt, et pueruli servi constiterunt. Regina e loco quo Salomon posuerat descendit et ei : «Nunc vero, inquit, egrediar domumque meam cubitum ibo.» — Salomon autem ei : «Hic equidem, inquit, dormi.» — Et ei illa : «Virgo ego, tu puer, inquit; quomodo haec fient? Herba et ignis sibi invicem si occurrunt, an vero ignis non comedit et herba non comeditur? Sic quae dixisti sunt.» — At Salomon ei : «Ambo iureiurando, inquit, pactum sancimus, ne ego te iniuria afficiam nec vi ad te veniam, tu autem de domus meae rebus nihil suscipias.» — Ambo in haec consenserunt. Salomon metu Davidis patris sui, illa autem metu Dēws patris sui iuravit; et Salomon super aureum thronum suum somno se dedit, illa super alium thronum aureum cubuit. Salomon throni sui custodi, qui puerulus servus erat, quem diligebat : «Aureum urceum, inquit, limpida et dulci et frigida aqua, quae reginae cor gaudio afficiat, reple et sub eius cervical depone.» — Salomon ea nocte somnum suum mutavit et apertis oculis explevit, sapiens enim erat; et, cum *oculos suos velasset, evi- *p. 5.
gilavit. Illa autem, Salomone accurate inspecto, cum dormientem arbitraretur, se extulit, manum suam demisit et aureum urceum aqua plenum sustulit; cum aquam biberet, Salomon se extulit, eam apprehendit, et ei : «Fidem rupisti», inquit. Illa ei : «Haec aqua, inquit, pauca est res». — Et ille ei : «Quid sub caelo et super terram, inquit, nobis aqua maius?» — Et illa ei : «Sine me bibere, inquit, et voluntatem tuam fac! tibi enim fidem non rumpam», et, siti laborans, bibit. Postea, Salomon eam concubitu cognovit, ut mares feminas cognoscunt; namque feminarum amator erat, ut Liber Regum, cap. xxx, dicit : «Salomon vere feminarum amator». — *Regina Austri* ex eo ipsa nocte concepit. Et ad terram suam rediit. Iter autem mutavit; nec iter quo antea venerat fecit, nam

hostes, qui Funğ, Takuerir et Balaw[1] erant, eius servi, ad rebellionem in ipsam incitati, surrexerant; navem cum servis suis conscendit; camelos et mulos, asinos et equos suos magnis cum copiis peditum iuxta maris litora misit qui iuxta maris litora procederent ipsam expectaturi in Barkēmā oppido, quod est Barᶜārab, alii autem ᶜAdal, Islamicorum terram, appellant. Mense confecto, venit, e navi egressa et ad maris litora commorata est, septemque ibi dies, cum eam morbus mugāñā[2] dictus invasisset, mansit. Islamicorum principes et optimates, quorum nomina erant Emar filius ᶜOṣ, Bestyānos Ḥağ et eorum pater, Fequrā dictus, cui erat nomen Abrāhim, magnis cum copiis ad eam venerunt, se eius conspectu prosternarunt magnaque ei praebuerunt munera : per septem dies, quos ibi Regina confecit, mane et vespere centum oves, iuvencas centum, capras arietesque septuaginta; gallinas, quae guendeb[3] sunt, centum, homēr similaginis decem, homēr hordei triginta, bados butyri decem, nēbāl meri vini quinquaginta, et nēbāl novi ṣāḥf centum dederunt[4], et eam solatio affecerunt. Illa ipsis ipsorumque terris benedixit. Deinde, profectura se extulit, et ei Islamici omnes valedixerunt. Redeuntibus vero : «Mihi, inquit, viae praemonstratores date!» — Islamicum quendam, centum militum praefectum, cui erat nomen Agdar, qui aestuosas et frigore recreantes *p. 6. vias et *torridas regiones et aquae stationes agnoscebat, ei dederunt. Hoc praemonstratore islamico viam praemonstrante, viginti diebus confectis, Nāgrān civitatem, martyrum chorum, attigit. Post haec, Nobā *provinciam* decima die attigit : iste viae praemonstrator illinc rediit, illa autem magna munera, eius operis mercedem, ad eius civitatis homines de sua praestantia certiores faciendos, dedit. *Regina* e Nobā *provincia* quinta die Baqlā provinciam attigit, ibique tres menses commorata est; eius enim res — sive mulierum, puerorum, servorum, sarcinariorum agmina — itinere defessae ibi pervenerant. Tribus mensibus confectis, se extulit, et Ḥamāsēn fines, qui sunt terra Torᶜā, attigit; mali illi homines benigno vultu eam exceperunt, apud quos duos dies perfecit. E terra Torᶜā profecta in terram Ḥamāsēn, quae religionis est terra oppressorumque asylum, ingressa est. Diebus illis, quidam homo locupletissimus, Ḥarbagoš dictus, erat. *Ḥarbagoš Reginam* benigno vultu excepit, et domum suam induxit.

[1] Gentes quae Nili, Atbarā, Barkā regiones incolebant. — [2] Vulgari tigraico eloquio, uteri morbus. — [3] An gundul legendum? gundul vulgari tigraico eloquio capus est. — [4] Cf. I *Reg.*, IV, 22-23.

De eius adventu certior factus, Meṣwāʿ *civitatis* praesul, qui nāyb est, ei magna munera misit, atque per litteras ea die invicem de foedere iusiurandum dedere. Cum partus dies adesset, marem in Qisāryā peperit. Posterius huius terrae nomen Māybalā[1] fuit, interdum enim locorum nomina mutantur, ut Romae nomen mutatum est, nam antea, filiis Kaytam urbem colentibus, urbs Kaytam appellata erat, et ante haec Aresṭātālis, sive Aṭas *hominis* haereditas, vocata fuerat : cum autem Romnos et Romālos reges facti fuerunt, a Romālos nomine Roma et a Romnos nomine Rom dicta fuit, ut Paulus de urbe Roma ait. Eodem modo, urbs ante Barānṭyā[2], postea a Constantini nomine Queṣṭenṭenyā[3] dicta, iterum ab Esṭenbul nomine antea Esṭenbul vocata. *Regina* Ebna Ḥakim nomen filio imposuit, id eṣt «sapientis filius», Menelik[4]. Duodecim annos filium suum *Regina* educavit; denique, eum ad patrem eius misit signumque ei commisit, aureum annulum quod Salomon Reginae dederat dicens : «Cum filium meum a te conceptum ad me mittes, tunc ei ḥoc annulum dabis, namque hoc inter nos signum erit, nec eum, si hoc signo carebit, pro filio meo habebo.» — Salomon, de filii sui adventu certior factus, laetitia perfusus, omnes misit, praeter puellulos servos, milites suos; *Menilek* in castra magna cum gravitate ingressus est. *Castra omnia contremuere, atque : «Quis *p. 7.
vero iste est?» dixere. Nonnulli autem : «Salomonis dni nostri filius est, dixere, qui e terra Ḥabašā, id est Aethiopia, venit.» — Salomon, cum ad filium suum excipiendum iret, utrum filius sapiens esset an stultus quomodo agnosceret cogitavit : tunc quendam ex servis suis semetipsum referentem super thronum suum aureum consistere iussit; oeconomis, optimatibus, procuratoribus, praefectis et centurionibus suis : «Se quisque, inquit, pro dignitatis gradu struat!»; militibus : «Se quisque, inquit, pro dignitatis gradu aureis et argenteis vestibus exornatus, hasta et gladio sumptis, in aciem struat!»; ipse autem, ac si miles ex boum sacrificulis vel equorum mulorumque curatoribus (qui pueri servi sunt) inferiore loco constitit : post haec ut secum conveniret filium suum appellare iussit.

[1] Māybalā ad Asmara urbem est torrens : haud longe, Ṣaʿadā Krestiyān pagum versus, fabulosum reginae partus locum Aethiopes nostris quoque temporibus ostendunt. Māybalā «aquam dixit!» a vulgo interpretatur; ibi enim aquam Regina parturiens petisse traditur. — [2] Id est برانطيه, corruptum e بزانطيه sive Byzantium. — [3] Constantinopolis. — [4] Menelik, Melelik, vulgari tigraico eloquio, pro Men Ylek, Menilek.

Ebna Ḥakim in aedes, quae bēta dermus sunt, quod est prandiorum et thesaurorum domus (ut liber III Regum ait[1] : et condidit Salomon in Libani deserto bēta dermus) ingressus est; et, propter Dni sapientiam quae super eum erat agnoscens Salomonem, quamvis eius vestis vilis esset, veneratus est et consalutavit. Magna laetitia affecti, Salomon omnesque eius domus homines mirati sunt atque obstupuere. *Ebna Ḥakim* aureum annulum, quod mater sua miserat, patri tradidit; et Salomon, duo cum vidisset signa : «Vere, inquit, is filius meus est!» — Tres menses et dimidium, cum imperii constitutiones eum doceret, explevit. Deinde, consilio cum populo suo Israel inito, eis : «Agite, inquit, me filium meum vos filios vestros cum filio meo ad terram Ḥabašā mittere decet : filii vestri consiliarii sunto, ille autem super Ḥabašā rex esto, eosque muneribus eligito!» — Populus : «Sicut dixisti, inquit, fiat»; namque haec Domini erat voluntas.

Caput. — Regum generationum numerum ex Adamo usque ad Salomonem XXXV. Magni cum essent fletus et luctus — nemo, enim, qui primogenitum suum non misisset erat : Salomon quidem propter filium suum, quem summa benevolentia complectebatur, flebat — Menilek magnis copiis itinere paratus e Hierosolyma egressus est. Terram Akuesem[2] attigit : cum eo Sefionis filius, cui erat nomen ʿAgāti, venerat.

Menilek Akuesem commoratus est et imperavit : qui secum *e Hierosolyma* egressi erant, omnibus singillatim munus dedit. ʿAgāti Regi proximus erat, Ruben enim tribus erat eius tribus : ei *p. 8. *terram orientalem, quae Manbartā est, sibi suisque omnibus petivit, nam pulcherrima haec terra et salis terrae proxima et propter agmina quae sal ferebant divitiis plena erat; et Rex quae ʿAgāti elegerat ei dedit. ʿAgāti cum suis ivit, ibi commoratus est et urbes condidit. Sed huius loci incolae daemonen quendam, cui erat nomen Delseṭāḥ, colebant eumque salis creatorem et salis datorem dicebant. In hoc cultu eos cum invenisset, magno dolore affectus, ʿ*Agāti* Dominum deprecatus est dicens : «Intellectum ut aures voci meae praebeant et fidem tuam teneant, eis concede, quaeso!» — Mosis leges, sive Testamentum sanctum, eos docuit et Mosis sapientiam in eos infundebat; ipsi toto corde ex errore ad Domini religionem rever-

[1] I *Reg.*, VII, 2 — [2] In *Gadla Marqorēwos* semper Akuesem, quod secundum tigraicam vulgarem pronuntiationem est, pro Aksum invenitur.

tebantur. Tunc, unus populus in Testamenti lege fuere. Qua re ʿAgāti, magno gaudio affectus, ad Regem congressus, eorum fidem ei enarravit; et propter haec Rex laetatus est, et ex Levitis quendam cui erat nomen Gēdson ei commisit. Sacerdos cum ʿAgāti profectus eius domi mansit, incolas leges Mosis omnes docuit, et : «Agedum, vosmetipsos circumcidete!», iussit; illi semetipsos, ut sacerdos dixerat, circumcidere. Postquam circumcisi fuere, ʿAgāti ex civitatis optimatum filiis quandam, cui erat nomen Ensuryā, quod Surārē Egzi'abeḥēr[1] interpretatur, despopondit uxoremque sibi coniunxit, illaque ei uxor fuit: ʿAgāti usque ad animae suae exitum eam, quae suavissima erat et speciei pulchritudine insignis, deamavit. Eius gentiles omnes pariter civitatis puellas in matrimonium duxerunt. E gente quae ex hac gente orta est, praefecti adhuc constituuntur. ʿAgāti uxorem suam concubitu cognovit; *uxor vero* concepit et filium ei genuit quem ipsa Sāhlon appellavit, quod Tasāhalani[2] interpretatur. *Sāhlon* autem adolevit, et pater ei uxorem, cui erat nomen Salēdā — quod Wag Tarik[3] interpretatur — in matrimonium dedit. *Sālēdā* ex eo concepit et filium genuit cui pater Ardinon — quod Radā'i[4] interpretatur — nomen imposuit. — Et Ardinon uxorem cui erat nomen Ḥadās — quod Ḥadis[5] interpretatur — duxit; *uxor* ei filium genuit cui pater Mankobyon — quod Bakuera Aṣāb'e[6] interpretatur — nomen imposuit. — Hic vero uxorem cui erat nomen Sāšenā duxit; *uxor* ei filium genuit cui fuit nomen Šamš — quod Ṣaḥāy[7] interpretatur. Hic vero uxorem duxit, et *uxor* ei filium genuit cui fuit nomen Atom — quod Zameḥrat[8] interpretatur. — Hic vero uxorem duxit, et *uxor* filium genuit cui fuit nomen Dēbon, quod Madinā[9] interpretatur. — Hic vero uxorem cui erat nomen Ḥanon — quod Ṭeʿemt[10] significatur — duxit, et *uxor* ei filium genuit cui nomen fuit Dison — quod Abba Daṣayāt[11] interpretatur. — *Hic vero uxorem cui nomen erat Aqlēsyā — quod *p. 9. Bēta Egzi'[12] interpretatur — duxit, et *uxor* ei filium genuit cui nomen fuit Ḥayāzēr — quod Aḫāzi[13] interpretatur. — Hic vero uxorem cui erat nomen Marinā — quod Maʿarʿir[14] interpretatur — duxit, et *uxor* filium genuit, quem ipsa a nomine patris nomi-

[1] «Domini Fundatio.» — [2] *I. e.*: Miserere mei. — [3] *I. e. : provinciae* Wag Historia? — [4] *I. e. :* Auxiliator. — [5] *I. e. :* Novus. — [6] *I. e. :* Digitorum Primogenitus. — [7] *I. e. :* Sol. — [8] *I. e. :* Misericordiae, Pietatis. — [9] *I. e. :* Civitas, Metropolis. — [10] *I. e. :* Suavis. — [11] *I. e. :* Insularum Pater. — [12] Domini Domus. — [13] *I. e. :* Potestate Praeditus. — [14] *I. e. :* Mellitus.

navit. — Hic vero uxorem cui erat nomen Zawilā — quod Zalala[1] interpretatur — duxit, et *uxor* ei filium genuit cui fuit nomen Demhoy — quod Madmem[2] interpretatur. — Hic vero uxorem cui nomen erat Akuerosyā — quod Barakat[3] interpretatur — duxit, et *uxor* ei filium genuit cui fuit nomen Yāson — quod Madḫanit[4] interpretatur. — Hic vero uxorem cui nomen erat Arqādyā — quod Qadāmita Anest[5] interpretatur — duxit, et *uxor* ei filium genuit cui nomen fuit Awnān — quod Awyān[6] interpretatur. — Hic vero uxorem cui erat nomen Baṭriqā — quod Egzi'et[7] interpretatur — duxit, et *uxor* ei filium genuit cui nomen fuit Leḥēm — quod Ḫebest[8] interpretatur. — Hic vero uxorem cui nomen erat Aridā — quod Mekuerāb[9] interpretatur — duxit, et ei *uxor* filium genuit cui fuit nomen Balbālo — quod Nabalbāl[10] interpretatur. — Hic vero uxorem cui erat nomen Nuḫāmin — quod Wetoto Ṭeʿemt Fesseḥt[11] interpretatur — duxit, et *uxor* ei filium genuit cui fuit nomen Warada Nagāš — quod Qenuy la Negus[12] interpretatur. — Hic vero uxorem cui nomen erat Romnā — quod Romān[13] interpretatur — duxit, et *uxor* ei filium genuit, cui fuit nomen Adinon — quod Danāni[14] interpretatur. — Hic vero uxorem cui nomen erat Ḥaykal — quod Tābot[15] interpretatur — duxit, et *uxor* ei filium genuit cui fuit nomen Ramḫāy — quod Seluṭ[16] interpretatur. — Hic vero uxorem cui nomen erat Sābēlā — quod Bēta Sāhl[17] interpretatur — duxit, et *uxor* ei filium genuit cui nomen fuit Dabasāy — quod Bēta Besrāt[18] interpretatur. — Hic vero uxorem duxit, et *uxor* ei filium genuit cui nomen fuit Mirāri — quod Marir[19] interpretatur. — Generationes XX fuere.

Huius *Mirāri* diebus, anno a mundo creato MMMMMIↃ, Dominus noster Iesus Christus e Virgine natus est : tunc misericordiae annus CLXXX, cyclus XI, epacta solis IV, epacta lunae IX.

Hic *Mirāri* vero uxorem cui erat nomen Sofyā — quod Negest[20] interpretatur — duxit, et *uxor* ei filium genuit cui fuit nomen Gērā — quod eodem modo interpretatur. — Hic vero uxorem cui erat

[1] *I. e.* : Salivit. — [2] *I. e.* : Admirabilis. — [3] *I. e.* : Benedictio. — [4] *I. e.* : Salus. — [5] *I. e.* : Prima ex mulieribus. — [6] *I. e.* : Vineae, Vites. — [7] *I. e.* : Domina. — [8] *I. e.* : Panis. — [9] *I. e.* : Delubrum. — [10] *I. e.* : Flamma. — [11] *I. e.* : Lac (?) dulce iucundum. — [12] *I. e.* : Regi Subiectus. — [13] *I. e.* : Malus Punica. — [14] *I. e.* : Se Inclinans. — [15] *I. e.* : Sanctuarium. — [16] *I. e.* : Auctoritate Praeditus. — [17] *I. e.* : Benignitatis Domus. — [18] *I. e.* : Laeti Nuntii Domus. — [19] *I. e.* : Amarus. — [20] *I. e.* : Regina.

nomen Agyā — quod Mēlāt[1] interpretatur — duxit, et *uxor* ei filium genuit cui fuit nomen Sāfēlā — quod Sāhel[2] interpretatur. — Hic vero uxorem cui erat nomen Bu'agyā duxit, et ei *uxor* filium genuit cui fuit nomen Ḥezba Nāñ — quod Ḥezb Buruk[3] interpretatur. — Hic vero uxorem cui erat nomen Awlogyā — quod Walat[4] interpretatur — duxit, et ei *uxor* filium genuit cui fuit nomen Delna'ad — *quod Baʿāla Mawi'[5] interpretatur. — Hic *p. 10. vero uxorem cui erat nomen Diborā — quod Dabr[6] interpretatur — duxit, et *uxor* ei filium genuit cui fuit nomen Ēborkābote'it, — quod Baseddat Bafelsat[7] interpretatur. — Hic vero uxorem cui erat nomen Sapirā — quod ʿEfrat[8] interpretatur — duxit, et *uxor* ei filium genuit cui fuit nomen Ḥadnok — quod Adḫeno[9] interpretatur. Huius diebus Eunuchus Hendākē reginae Aethiopiae baptismum adduxit, ut liber 'Abrāksis, id est Acta Apostolorum, dicit, quem Lucas evangelista scripsit. — Hic vero uxorem cui erat nomen Qaswā — quod Warḫ[10] interpretatur — duxit, et *uxor* ei filium genuit cui nomen fuit Del Sagad — quod eodem modo[11] interpretatur. — Hic vero uxorem cui erat nomen Ḥannā — quod Habt[12] interpretatur — duxit, et *uxor* ei filium genuit cui nomen fuit Ḥezba Bārek. — Hic vero uxorem cui erat nomen Akināhom — quod Faws[13] interpretatur — duxit, et *uxor* ei filium genuit cui fuit nomen Gēdēwon — quod ʿAwd[14] interpretatur. — Generationes XXX fuere.

Huius diebus, Frumentius, qui est Abbā Salāmā, lucis revelator, venit, iustorum Regum diebus, qui Abrehā Aṣbāḥa sunt : religio Christiana a Christi ortu usque ad Aethiopiae conversionem annis CCCC XXX fuit.

Hic vero uxorem cui erat nomen Sofyā duxit, et *uxor* ei filium genuit cui fuit nomen Nāmuḥēl — quod Meḥrat[15] interpretatur. — Hic vero uxorem cui erat nomen Amēltyāsqirās — quod Koḳab[16] interpretatur — duxit, et *uxor* ei filium genuit cui fuit nomen Ḥezba Bārek — quod Barakat[17] interpretatur. — Hic vero uxorem

[1] *I. e.* : Purpura. — [2] *I. e.* : Benignitas. — [3] *I. e.* : Populus Beatus. Ḥezba Nāñ, autem, aethiopica lingua «Populorum dispersor» est. — [4] *I. e.* : Filia. — [5] *I. e.*: Dominus Victoriae. — [6] *I. e.* : Mons. — [7] *I. e.* : In exilio, In migratione. — [8] *I. e.* : Unguentum. — [9] *I. e.* : Servatio. — [10] *I. e.*: Luna. — [11] *I. e.*: Victoria eum venerata est. — [12] *I. e.* : Donum. — [13] *I. e.* : Medicamen. — [14] *I. e.* : Orbis. — [15] *I. e.* : Misericordia. — [16] *I. e.* : Astrum. — [17] *I. e.* : Benedictio : Ḥezba Bārek autem «Populo benedice» est.

cui erat nomen Mēlkā — quod Negest[1] interpretatur — duxit, et *uxor* ei filium genuit cui fuit nomen Ḥezba Qaddes — quod Qedsāt[2] interpretatur. — Hic vero uxorem cui erat nomen Bersefenyā — quod Bereht etiam Beʿelt[3] interpretatur — duxit, et *uxor* ei filium genuit cui fuit nomen Hēlut — quod Helew[4] interpretatur. — Hic vero uxorem cui erat nomen Qērsā — quod Ret[5] interpretatur — duxit, et *uxor* ei filium genuit cui fuit nomen Marāḥina Egzi' — cuius interpretatio manifesta est[6]. — Hic uxorem cui erat nomen Yosētēnā — quod Feseḥt[7] interpretatur — duxit, et *uxor* ei filium Ḫēr Egzi' genuit. — Hic vero uxorem cui erat nomen Tēglā — quod Māʿelalt[8] interpretatur — duxit, et *uxor* ei filium genuit cui fuit nomen Nolāwina Egzi'. Hic vero uxorem cui erat nomen Abroqlā — quod Bāḥrey[9] interpretatur — duxit, et *uxor* ei filium genuit cui fuit nomen Egzi' Ḫarayo. Hic vero uxorem cui erat nomen Maḥalā — cuius interpretatio est manifesta[10] — duxit, et *uxor* ei filium genuit cui fuit nomen Yāfaqerana Egzi'.
*p. 11. Hic vero uxorem *cui erat nomen Rebqā — quod ʿEqebt[11] interpretatur — duxit, et *uxor* ei filium genuit cui fuit nomen Leʿul Samro. Generationes omnes ab ʿAgāti usque ad hanc generationem XXXX.

Caput. — Iterum numerum igitur generationum incipimus scribere; benedictio auxilii Domini et, patris nostri Marqorēwos precibus, benedictio Dei eius nobis cum omnibus sint, in sempiternum, Amen. — Hic vero uxorem cui erat nomen Sārā — quod Ema Bezuḫān[12] interpretatur — duxit, et *uxor* ei filium genuit cui fuit nomen Mesmākna Egzi'. — Hic vero uxorem cui erat nomen Yokābed — quod Mele'et[13] interpretatur — duxit, et *uxor* ei filium genuit cui nomen fuit Habana Egzi'. Hic vero uxorem cui erat nomen Ab Sa'alā duxit, et *uxor* ei filium genuit cui fuit nomen Asāḥēl — quod Sāhel[14] interpretatur. — Hic vero uxorem cui erat nomen Bārakā duxit, et *uxor* ei filium genuit cui fuit nomen Gabā'ēl — quod Gabā'i[15] interpretatur. — Hic vero uxorem cui nomen erat Ledyā —

[1] *I. e.* : Regina. — [2] *I. e.* : Res Sacra : Ḥezba Qaddes autem «Populum consecrat» est. — [3] *I. e.* : Fulgens, Dives. — [4] *I. e.* : Existens. — [5] Haud dubie erratum est. — [6] *I. e.* : Marāḥina Egzi' «Dominus ductor noster est» interpretatur. — [7] *I. e.* : Laeta. — [8] *I. e.* : Distincta. — [9] *I. e.* : Margarita. — [10] Maḥalā vero «foedus iuramento sanctum» est. — [11] *I. e.* : Custodita. — [12] *I. e.* : Multorum Mater. — [13] *I. e.* : Plena. — [14] *I. e.* : Benignitas. — [15] *I. e.* : Rediens.

quod Ḫirut[1] interpretatur — duxit, et *uxor* ei filium genuit cui nomen fuit Ḥawaṣana Egzi'. Hic vero uxorem cui erat nomen Kerṭinā — quod Seḫin[2] interpretatur — duxit, et *uxor* ei filium genuit cui fuit nomen Naṣara Ab. Hic vero uxorem cui erat nomen Afomyā — quod Feṣemt[3] interpretatur — duxit, et *uxor* ei filium genuit cui fuit nomen Tasāhalana Egzi'. — Hic vero uxorem cui erat nomen Wald A'ebayā duxit, et *uxor* ei filium genuit cui fuit nomen A'ebayana Egzi'. Hic vero uxorem cui erat nomen Adlākyā — quod Delut Baḥeg[4] interpretatur — duxit, et *uxor* ei filium genuit cui fuit nomen Egzi'abeḫēr Bena. — Hic vero uxorem cui fuit nomen Awdoksyā — quod 'Awd[5] interpretatur — duxit, et *uxor* ei filium genuit cui fuit nomen Egzi' Keberna. Usque ad hanc generationem generationes L.

Caput. — Iterum, numerum igitur generationum incipimus scribere, patre nostro Marqorēwos intercedente. Eius preces et benedictio nobiscum sint, in sempiternum, Amen. Hic vero uxorem cui erat nomen Tāwklyā — quod Tewekelt[6] interpretatur — duxit, et *uxor* ei filium genuit cui fuit nomen Tewekeltena Egzi'. — Hic vero uxorem cui erat nomen Manfas Qedus Kebrā duxit, et *uxor* ei filium genuit* cui fuit nomen Maḫalon — quod Maḫalā[7] interpretatur. — *p. 12.
Hic vero uxorem duxit, et *uxor* ei filium genuit cui fuit nomen Tasfā Egzi'. — Hic vero uxorem cui erat nomen Atenāsyā — quod Ḥeywat[8] interpretatur — duxit, et *uxor* ei filium genuit cui fuit nomen Krestos Bēzāna. — Hic vero uxorem cui erat nomen Iyoprāqsyā — quod Se'elt[9] interpretatur — duxit, et *uxor* ei filium genuit cui fuit nomen Masqal Mawā'i. — Hic vero uxorem cui erat nomen Ḫārik — quod Maswā'et[10] interpretatur — duxit, et *uxor* ei filium genuit cui fuit nomen Germāna Egzi'.

Huius diebus, magna fuit in omnibus ecclesiis certatio; namque exsurrexerant iniuriis haeretici dicentes : «Crucem et effigiem precibus non veneramur; effigies enim tabula, et crux est Golgothae lignum», quos Diabolus seduxerat, ut Arium, Manetem, Paulum Samosatenum, Nestorium, Sabellium, Macedonium multosque usque adeo seduxerat hypocritas, cum errores multissimos colloquerentur et diabolicas dissertationes scriberent, sanctos libros mutantes et prophetas XLVII et novos XXXV libros, et eorum filios qui innumeri sunt

[1] *I. e.* : Virtus. — [2] *I. e.* : Thus. — [3] *I. e.* : Perfecta. — [4] *I. e.* : Legibus Digna. — [5] *I e.* : Diadema. — [6] *I. e.* : Confisio. — [7] *I. e.* : Foedus iuramento sanctum. — [8] *I. e.* : Vita. — [9] *I. e.* : Deprecata. — [10] *I. e.* : Sacrificium.

magistrorum libri. Quae cum audisset, Germāna Egzi' amoris erga Dominum igne exarsit, divina zelotypia zelavit ut Elias Thesbites et Paulus Beniaminita qui *haec* in ep. II ad Corinthios, cap. XII dicit. In urbe sua, Sikār dicta, concilium indixit, presbyteros diaconosque et omnes civitatis suae, quae ecclesia erat, principes congregavit, illius enim terrae praefectus erat; et haereticis: «An quod accipimus, dixerunt, verum est?» — Hypocritae eis: «Sane, dixerunt; crucem effigiemque precibus non veneramur; namque crux lignum, effigies tabula est.» — Responderunt et dixerunt: «Nonne crucem a Domini nostri I. Chr. sanguine sanctam factam dicitis, cum *Dominus* sinistro latere hasta transfossus esset et sanguinem aquamque emisisset, ut Iohannes Evangelista in parvo cap. CLXI dicit? An super effigiem vero Domini vis non consedit, et miracula et prodigia a Dominae nostrae, Prophetarum, Apostolorum, Iustorum, Martyrum et Angelorum effigiebus non operantur? Cur Domini nostri effigies, quam Ipse per Tadaeum apostolum ad Acarium Edessenorum regem miserat, miracula operavit et prodigia, quae Hierosolymae facta sunt? Cur effigies, quam Tiberio Romae imperatori pinxit, cum Iohanne tonitruum filio collocuta est dicens: «Pinge; ut Hierosolymae crucifixus fui, eodem modo iterum Romae me crucifigito?» Cur effigiei os Iohannis os osculatum est? Cur Dominae nostrae
*p. 13. sanctissimae Virginis, Mariae virginis et matris, *Deiparae effigies in Sedenia *urbe* sudorem emisit? cur aegroti et invalidi religiose venientes hoc sudore sanitati restituebantur?» — Et eis dixere: «Utrum haec mendacia sunt an vera?» — *Sed haeretici* ab errore redire abnuerunt; et, cum ex civitatis principibus essent, eos excommunicare metuere. Post haec, Germāna Egzi' surrexit et ad Regem nostrum orthodoxum venit cui erat nomen Agbe'a Ṣyon [1], filium *Regis* Yekuno Amlāk, qui, anno CCCIII postquam Zāguā a Delna'ād filio *Regis* Anbasā Wedem imperium abstulerant, propter patris nostri Takla Hāymānot preces imperium receperat; ad Regem, castra apud Akuesem, quae Virginis locus est, tenentem, venit et omnes illorum errores enarravit. Rex, ad iram concitatus, Virginis effigiem aureo calamo pictam, quam semper precibus colebat totisque venerabatur viribus, e superiore suae domus murorum contignatione demisit, super thronum eburneum posuit, capitis velamento retecto

[1] Haec cum sequenti de Marqorēwos gestis narratione minime conveniunt; namque Regis Agbe'a Ṣyon temporibus Marqorēwos iam monachus fuisse traditur.

eam coram Germāna Egziʾ omnibusque suis magistratibus et militibus patefecit, terque salutavit, septiesque preces suas prostratus absolvit; et surrexit cum sudor eius ac si aqua magna distillaret et lacrymae eius ac si hiemales imbres effluerent, et Virgini : «O Domina mea, inquit, an effigiem tuam colere dedecet, ut haeretici dicunt, in quorum corde Diabolus, qui ipsos agendi ratione generaverat, haereticam opinionem germinare fecit, ut Dominus noster in evangelio, cap. XXVIII, dicit : «Pater vester Satanas, et patris vestri desideria explere vultis»; ille enim antiquitus hominum animarum occisor est, nec in iustitia sedit; et dum vero loquitur, mendacia loquitur, nam mendax est et mendacii pater, ut Henoch, cap. LIII, dicit : «Improbitas e suis latebris egressa est.» — An Filii tui crucem colere dedecet quae a sanguine eius glorioso sancta est facta?» — Deinde, eius cordis constantiam et fidei vim et ipsum strenuo viro similem, qui salutationibus *ad Virginem* cotidie et mane et vespere assiduam operam dabat, adspiciens *Virgo* ei respondit et ex effigie cum eo collocuta est dicens : «Effigiem meam colere decet et Filii mei crucem colere.» — Quae audiens Rex valde laetatus est, omnesque milites et magistratus cum Germāna Egziʾ obstupuerunt et illam effigiem «Testimonii effigiem» vocaverunt. *Ex heterodoxis *p. 14. quidam, qui contendendi ante Regem causa venerat, fronte terram versus cecidit, et ut cadaver duas horas moratus est; inde surrexit, et : «Ex errore meo, inquit, recessi, crucemque effigiemque venerabor!» — Post haec, Rex Ḥamalmāl qui centum militum praefectus erat cum Germāna Egziʾ ad eius civitatem ire et civibus omnibus regium mandatum enuntiare iussit quod diceret : «Crucem effigiemque colite : qui crucem effigiemque non coluerit, eius collum ad laqueum meum, eius res quas sibi acquisivit ad milites meos, eius aedes ad ignis aestum, qui ex ignearum exoritur ballistarum ore, sunto!» — Ḥamalmāl, regius missus, cum Sikār, Germāna Egziʾ civitatem, attigisset, cives omnes, mares et feminas, veteres et pueros, convocavit et regium mandatum enunciavit, quod cum audivissent omnes ex communi sententia dixerunt : «Quae Rex nobis iubet omnia facturi sumus et crucem effigiemque colituri.» — Heterodoxi illi ex errore suo recesserunt, et magnum gaudium civitatem affecit. Ḥamalmāl ad Regem reversus totam eorum conversionem et ad crucis nec non effigiei cultum consensum enarravit; Rex, his auditis, laetatus est et : «Propter gaudium, inquit, quo me affecerunt vectigalium immunes annos duos sunto!»; et perpetuum huius provinciae imperium ad Germāna Egzi' eiusque liberos tradidit, dicens : «Huius provinciae fines ignis, centralis autem pars viridarium pro eo sunto!»

Generationum numerus, ab Adamo usque ad 'Agāti, Ruben filium, qui Agāmē praefectorum est pater : xxxv; ex 'Agāti usque ad Germāna Egzi' generationes lv; cunctae ab Adamo usque ad Germana Egzi' generationes xc.

Caput. — Generationum igitur numerum iterum scribere incipimus, patris nostri Maqorēwos precibus: eius Dei benedictio cum omnibus nobis in aeternum sit, Amen. Hic Germāna Egzi' uxorem cui erat nomen Presqelā — quod Ḫebesta Ḥeywat[1] interpretatur — duxit, et *uxor* ei filium genuit cui fuit nomen Ṣyon Mo'a, quod est Masqal Mo'a. Agbe'a Ṣyon Rex anno ix quo imperium potitus erat obiit : antea, Ṣenfa Asgad, Ḥezba Asgad, Ṣenf Ar'ed, tres, quinque annos imperaverant. — Hic vero uxorem cui erat nomen Ṭarsēdā — quod Ṭerit[2] interpretatur — duxit, et *uxor* ei filium genuit cui fuit
*p. 15. nomen Yehudā — *quod A'emno[3] interpretatur. — Hic vero uxorem cui erat nomen Hērodyānā — quod Ḫerit[4] interpretatur — duxit, et *uxor* ei filium genuit cui fuit nomen Pāwlos — quod Berhān[5] interpretatur, et iterum Newāy Ḫeruy[6]. — Hic vero uxorem cui erat nomen Sofyā — quod Masfart[7] interpretatur — duxit, et *uxor* ei filium genuit cui fuit nomen Sem'on — quod Sem'ani Egzi'abeḥēr[8] interpretatur. — Hic vero uxorem cui erat nomen Krestos Mogasā duxit et uxor ei filium genuit cui fuit nomen Tomās, quod Ṣaḥāy[9] interpretatur, namque Solis pater hic fuit in provincia quae est Manbartā et cuius metropolis nomen Ḥayq Masḥal dicitur. Iste vero, Regis 'Amda Ṣyon diebus, qui annos xxx regnavit, fuit; et uxorem cui erat nomen Salomē, profecto Salomen alteram — quod nomen Salām[10] interpretatur — duxit. Erat Salomē ex provinciae cui nomen est Agāmē optimatibus exorta : parentes vero, sicut Abrahamus et Iob, divitiis et pulcherrima agendi ratione divites erant. — Liberis, vel maribus vel feminis, caruerant, quapropter diu magno dolore affecti erant. Semel, dum eius pater, cui erat nomen Ḥeywat Bena, in suo sacrario orat, Domini Angelus nonae diei horae tempore ei comparuit, ut ipse Cornelio, Gabriel

[1] *I. e.* : Panis Vitae. — [2] *I. e.* : Peculium. — [3] *I. e.* : Persuasio. — [4] *I. e.* : Selecta. — [5] *I. e.* : Lux. — [6] *I. e.* : Vas Electum. — [7] *I. e.* : Mensura. — [8] *I. e.* : Audi me Domine. — [9] *I. e.* : Sol. — [10] *I. e.* : Pax.

Zachariae ad dexteram sacrificii turis, Uriel Henochio et Hesdrae, Suriel Nohae, Henochio et Hesdrae, et Angeli duo Lothio Chaldaeo comparuerant; atque ad Tomās[1] : «Uxor tua, inquit, cui nomen est Embāmerēnā, tibi filiam genitura est, cui nulla fuit nec erit ex Hevae filiis par quae prophetas iustosque et martyres, sub Domina nostra sancta Virgine, Maria Virgine et Matre, Deipara, pepererunt.» — Haec e Gabrielis angeli ore cum audisset, Ḥeywat Bena magno gaudio gavisus est atque uxori suae Embāmerēnā — quod Māḥtot[2] interpretatur — retulit; his auditis, illa precibus oravit dicens : «Mihi equidem, sicuti viro meo apparuisti, appare quaeso, et sicuti virum meum certiorem fecisti me certiorem fac, ut secundum quae iubeas de hac puella benedicta agamus.» — Post haec, pristinus Domini Angelus cui erat nomen Raphael — quod Fawāsi Egzi'abeḥēr sive Fawaso Egzi'abeḥēr sive Mastafessehē Albāb[3] interpretatur — dum illa in sacrario deprecans erat descendit; fulgentissimum Angelum cum vidisset, metu perculsa tremuit, sicuti ista Samsonis mater, fulgentissimum Angelum adspiciens, metu percussa fuit, ut Iudicum *liber, qui Iudicum *p. 16.
historiae ianua est, dicit. Angelus autem metum ex ea removit, illa vero e terra qua ceciderat surrexit, et *Angelus* ei : «A carne edenda, inquit, et a bibendo mulso, quod vini mustum est annotinum[4] et. . .[5] ne dicamus : unde haec omnia inveniunt qui eo modo, auro et argento, melle et butyro, oleo et vino, vestibus et frugibus divites sunt, ut eorum opes sicuti maritimae orae arena et caeli astra numerari non possint?» — Haec ex Angeli ore cum audivisset, *mulieris* cor laetatum est, omniaque suo viro enarravit, atque ambo mirati sunt et dixerunt : «Voluntas Domini sit!» — E quo laetum Angeli nuntium audiverant, id est a die XXVIII mensis nēsān, quod est marmud atque aethiopico sermone miyāzyā, ieiuniis et precibus et eleemosynis manserunt usque ad diem VI *mensis* naḥasē; qua nocte sexta mensis naḥasē ante feriam quintam Ḥeywat Bena concubitu Embāmerēnā uxorem suam cognovit, ut mares feminas cognoscunt; illa vero Salomē concepit matrem Marqorēwos, solis iustitiae, die VI *mensis* naḥasē, die quo

[1] Sic in apographo Mari Gētā Gabra Ēwosṭātēwos : haud dubie vero Ḥeywat Bena legendum est. — [2] *I. e.* : Lampas. — [3] *I. e.* : Medicus Dominus sive Eum Dominus Sanavit sive Laetator Cordium. — [4] Cf. *Iudic.*, XIII, 3. — [5] Textus corruptus et mancus est.

Domina nostra sancta Virgo, virgo et mater, Deipara conceperat.

....

....Inde, septem annis confectis....... mense sābāṭ sive aethiopico idiomate yakātit, *provinciae* Tanbēn praefectus, cui erat nomen Baẖayla Egziʾ, cum multis numulariis magnisque copiis venit. Ipse enim ... decem minas (?) et unum argenti talentum *provinciae* Manbartā praefecto dederat ut sibi proportione sal praeberet; sed eum fefellerat, et ante Regem litem habuerant, nec Tanbēn praefectus testes invenerat, fidenter enim dederat, cum amor inter ipsos esset. Regis uxor Tanbēn praefecti soror erat; qua re illa ei dixit : «Si tibi vis est, eius terras popula, igne combure; ego vero apud Regem auxiliatrix tua ero.» — Qua causa, ille ad bellum gerendum venit. Manbartā praefectus pavit et ad ʿĀzabo, id est regionem Gāllā, aufugit. Et *Tanbēn praefectus* advenit tentoriumque suum erexit in platea vastissima ut Wagdā (?) et Feṣā (?) et Adurā (?), quae sub Ḥeywat Bena aedibus erat.

Provinciae Manbartā praefectus cum liberis a paganis interfectus est. Baẖayla Egziʾ, hospitio a Ḥeywat Bena accepto, provincia subiecta, suis rebus receptis, pristini amoris in provinciae Manbartā praefectum memor, eius necis poenam ab ʿAzabo petiit; denique in Tanbēn regressus est. Paulo post, Embāmerēnā, die i mensis genbot, feminam, cui fuit nomen Salomē inditum, peperit.

*p. 17. Post haec, metropolita, cui erat nomen Yāʿeqob, *metropolitarum duodecimus, e civitate Akuesem, imperii metropoli, surrexit et terram Tanbēn petiit ad festum Salāmā patris sui celebrandum in eius coenobio quod Enbā Kobaro appellatur, quo funibus ascendunt, unde funibus descendunt : mons enim valens est et excelsus.

Metropolita die xvii mensis ḥamlē Enbā Kobaro attigit; inde ad terram Agāmyā die vii naḥasē venit; hospes a Ḥeywat Bena acceptus, Salomē baptizavit. — Salomē magna pietate adolevit; quindecim annorum puella, a multis frustra desiderabatur. Quam cum in ecclesia vidisset, Tomās, filius Semʿon, qui ex provinciae Manbartā optimatibus unus erat, magno amore perculsus, domum redux, sibi uxorem ut peteret patri suasit. Awdokis, domus oeconomus, quem Semʿon, libero suo assentiens, cum epistolis ad Ḥeywat Bena miserat, magnis cum muneribus et magna pompa ad Ḥeywat Bena ingressus, mandata retulit : cras Ḥeywat Bena petitioni concessit. Magna munera tum permutata : Semʿon missus inter munera « mille magna frusta salis quae gānfur dicuntur, et decem milia parvorum quae amolē dicuntur[1] » dedit. Ḥeywat Bena magnam dotem, sive dimidiam omnium rerum suarum partem et fidissimam ancillam, cui inditum erat nomen Manšo, gnatae tradidit. Salomē, domu patris egressa, decimum post itineris diem terram Manbartā, viri patriam, attigit.

Cives eam magnis nuptiarum solemnibus magnoque gaudio exceperunt. Vir autem in pulcherrimas aedes, quibus nomen erat Aday Sālā, *sponsam* misit... Hoc diebus iustorum regum Ramḥāy et Sāyfāy accidit. Illorum regum dies anni xxii fuere. Sāyfāy annos lii imperavit; diebus regis Sāyfāy, cum annum suum septimum et vigesimum ageret, Pāwlos, pater Semʿon, e Rege provinciarum munus accepit, a Takazē usque ad Arho, provinciarum omnium *munus* quae Manbartā, ʿAṣbi, Dārā, Ṣerāʿ, Endartā, Saḥart, Tanbēn, Garāltā, Ḥawzēn, Ambā Senit, usque ad fines ʿAdwā, sunt. Et eius muneris dies anni xxv fuere. Sāyfāy, anno ii ex quo imperii potitus erat, eum provinciis praefecerat. Anno xxvii ex quo imperii potitus erat, Pāwlos obiit. Semʿon, patris sui loco, provinciis illis omnibus praepositus fuit. Anno lii ex quo imperii potitus erat, Sāyfāy obiit, et frater eius Ramḥāy regnavit, qui munus Semʿon confirmavit, eum enim iam antequam imperii potitus esset dilexerat. Anno imperii Ramḥāy vii, et ii ex quo Salomē venerat, Semʿon, pater Tomās, obiit; ac magistratus alius, cui erat nomen Wasan Sagad, munus Semʿon accepit, et munus a Tomās recessit, hic enim huius mundi mos est. Nec propter hoc Tomās aeger animi fuit; sed Dominum,

[1] Fragmenta brevissima, n° 1.

veluti Iob, laudavit. Multae erant ei divitiae. *Ipse et uxor* pauperibus miserisque dabant.

Generationes ex Adamo usque ad Tomās xcv; ex ʿAgāti, filio Ruben, praefectorum patre, usque ad Tomās generationes xlv; anni a mundo : 6860, ab incarnatione : 1400; ex aera martyrum : 900, e regno islamiticorum : 300 [1].

Salomē e Tomās filium concepit : prodigia permulta graviditatem comitata sunt. Inter cetera, celeberrimorum monachorum salutatio enarrabatur, de qua fere omnia ab igne sunt deleta in apographis; monachorum nomina quae leguntur sunt :

*p. 18. pater noster Besoy, id est Ṣaḥāy [2]; pater noster *[illegible], id est Ab Delew [3]; pater noster Awgin, id est ʿAwda Egziʾabeḥēr [4]; pater noster [illegible], id est Geyur [5]; pater noster Barsomā, id est Walda Ṣom [6]; pater noster Zar[illegible], id est Zarʾe [7]; pater noster Demyānos, id est Tedmert [8]. Quattuor venerunt [illegible] Domini iussu nubi insidentes, et tres e deserto venerunt cui nomen est Māzebā, quod inter hostium provinciam cui est nomen Ṭelṭāl et infidelium provinciam cui est nomen ʿAzabo situm est : septem illi e mortuis surrexerant.

Tomās ad notitias de bello petendas ivit; namque *provinciae* Ṣerāʿ praefectus et Baʿāl Gādā bellum cum paganis gesserant, eisque victoria fuit. *Tomās* usque ad Fešo advenit et cum praefectis convenit.

Yeḥyā quidam, qui rex populi Esmāʿēl erat, magno morbo laborans, ad Manbartā venit

e remotis terris, quibus sunt nomina Dobā et Waflā, quae apud Lāstā sunt, ubi vir iustus, imperii contemptor et eleemosynarum amator, Lālibalā, id est Yamān [9], ecclesiam Paradiso caelorumque regno similem condidit;

[1] Haec inter se discordantia, cum sequentibus notitiis non congruunt et fidei absona sunt. — [2] *I. e.* : Sol. — [3] *I. e.* : Pater dignus. — [4] *I. e.* : Diadema Domini. — [5] *I. e.* : Advena. — [6] *I. e.* : Filius Ieiunii. — [7] *I. e.* : Semen. — [8] *I. e.* Scientia. — [9] *I. e.* : Dextra manus.

divina virtute a Salomē sanatus, Christi sectator factus, baptismum ex Arkēlāwos « archipresbytero sive antistite[1] », et ex Anyānos « diaconorum praeposito[2] » accepit, sibi nomen Meherkā Salomē indidit, et progressu temporis usque ad sacerdotalem dignitatem pervenit. — Incantator quidam, Qopryānos, ne recte Salomē pareret, e Makkā venit et fascina coepit :

et daemonum qui aetherem incolunt nomina appellare coepit, qui vocantur Pēnēmu'e, hic omnes Set liberos decepit, e monte Armon descendere fecit et cum Caini filiis posuit, et alter equidem Gāder'ēl, hic Hevam decepit, et tertius vero Aseb'ēl, hic Cainum interficere docuit, et quartus Yeqon, hic cornicem cohibuit ne ad Noah suum nuntium afferret, et quintus Kesdyā', hic serpentem docuit … [daemones vero] quos Qopryānos iste evocavit quinque milia fuere.

Fascinum autem inane fuit. Qua re Qopryānos in christianam fidem ingressus est, sibi nomen Takla Giyorgis indidit et ad Makkā ut christianismum evulgaret rediit; sed ab infidelibus, suarum praedicationum causa, interfectus est.

Cum mensis nonus, qui est naḥasē, inciperet, [Salomē] ad ecclesiam ivit, quae in nomine Dominae nostrae sanctae Virginis, Virginis et Matris, Deiparae condita erat, in loco cui nomen est Dabašon, apud urbem cui nomen est Ḥayq Masḥal, in cuius (Dominae) tutelam christiani omnes se committunt et quam lubente corde et recta fide deprecantur.

Die XXIX mensis naḥasē, hora tertia, Salomē filium peperit. Decima die, nativitas magna cum laetitia celebrata est. Mense confecto, Salomē Amonēwos e terra Šerāfu in Ṣerā' misit qui certiorem de nativitate Agābos monachum piissimum, Dabra Sequert in Tanbēn incolentem, faceret.

[1] Fragm. brev. n° 2. — [2] Frag. brev. n° 3.

Puero nomen Marqorēwos inditum est; in die festo enim sancti Mercurii conceptus erat. Cum puer tertium ageret annum,

*p. 19. *hoc accidit tempore imperii Zāguē, cum imperium a manibus Delnaʿād, filii Davidis, abreptum esset; et imperium reversum est, et Yekuno Amlāk, Davidis filius, imperavit.

Marqorēwos, cum quintum ageret annum, ad Gadāma Qāḥēn missus est, ubi, cum aliis, abbā Pāwlos vir doctissimus erat [1] et cuius magistri Saraqa Berhān, Masqal Moʾa, Hellāwē Krestos, Kokaba Leddā, Habta Egziʾ, Taʾamānē Egziʾ, Gabra Masqal, Ḫiruta Amlāk et Qērlos, monachi clarissimi, fuerant. Multi vero pueri in schola illa erant : inter ceteros

Qirqos, Ēsi, Aboli, Yoḥannes Kamā, Awsābyos, Marqos, Madḫanina Egziʾ, Tēwodros, Abbā Nēr, Nābutē, Takla Egziʾ et Saḥāya Leddā; hi sunt quorum nomina scimus, cum in eorum homiliarum libris invenissemus.

....

....Et litterarum ostia (*alphabetum*) didicit, ut antea didicerat, recitavit a prima littera usque ad earum finem, nec septem litterarum ordines e geʿez usque ad sābʿe errabat [illegible] (post haec didicit) laudes, canticum quod ex Aethiopiae magistrorum ore dispositum et praeceptum est, sive psalterium Davidis, et dicta evangelistarum, Mathaei, Marci, Lucae et Iohannis; et modos musicos spiritalis Yārēd; parvum librum Apostoli, id est liber Iohannis filii Zebedaei, incipiens e quo dicit[2] «quod antea erat nuntiabimus vobis» usque ubi dicit «et Iesus Christi sanguis ab omnibus peccatis nostris nos purget»; librum apostoli, id est Petri epistulae prima et altera, et Iohannis epistulae prima, secunda et tertia, et Iacobi epistula una, et epistula ad Hebraeos; librum visionis Iohannis, Apocalypseos; librum de actis missorum, id est Apostolorum sanctorum historia quam Lucas evangelista scripsit; quatuordecim epistolas Pauli; qua-

[1] Frag. brev. nº 4. — [2] I Joh., I, 1.

tuor evangelia; librum Apostoli, id est Synodum et Didascalia; librum Pacti, quem Dominus noster Iesus Christus, postquam e mortuis resurrexerat, suos Apostolos sanctos docuit; librum Henochi; librum Iobi; librum legis mosaicae, genesin, exodum, leviticum, numeros, deuteronomium; tres mosaicas leges Iosuae, Iudicum, Ruth; librum Kufālē, qui e libris legis mosaicae excerptus est; quatuor libros Regum dicentes [illegible]; quatuor libros qui Isaias, Ieremias, Hezechiel et Daniel sunt; quinque Salomonis libros qui proverbia (= *proverbiorum pars prima*), institutiones (= *proverbiorum pars altera*), sapientia et cantica canticorum sunt; duodecim minorum prophetarum libros; Siracidem; Ezrae apocalypsin et secundum *Ezrae librum; duos Paralipomenorum libros, qui Regum *p. 20. praestantiae sunt; et tres Macabaeorum libros.

Post haec, homilias didicit. Eodem tempore, arva colebat, acapna colligebat. Sic decem annos mansit. Inde, quintum et decimum annum agens, abeundi venia e Pāwlos accepta, omnibus magistris et fratribus, unicuique in eius cella, cum valedixisset, magno fletu profectus est.

Quomodo ad metropolitam ivit cui erat nomen [illegible] filius Pēṭros al-Qabqalis[1], dum imperium Dei gratia in regione Šawā erat et metropolis Ērar appellabatur et Qedma Asgad, Ḥezb Asgad, Ṣenf Arʿad reges erant, qui vicissim quinque annos imperavere. Post haec, e Gadāma Qāḥēn surrexit . . . . .

Cum duodecim aliis, e suis terris conventis, sex diaconatum et sex sacerdotalem dignitatem petentibus, qui Zare'a Buruk et Barakata Amlāk erant, et Fesḥa Ṣyon, et Māʿeqaba Egzi', et Ymerḥana Egzi', et Yāfqerana Egzi', et Sadafa Dengel, et Takla Alfā, et Pāwlos, et Lēwi, et Abādir, et Besoy, profectus est. Cum eis et alii Šawā petentes congressi sunt: Tomās, qui pater Marqorēwos erat; Benyām et Asāḥēl, gnati Ednā sororis Tomās; Ṭobyā et

[1] Nomen hic igni corruptum; in epitome (fol. 99 *v°*. 101 *v°* et 109 *v°*; cf. p. 22, l. 16; 23, l. 3, 16) ter Pēṭros tantum invenitur.

Takla Egzi', gnati Awdokis, quos Salomē ad Agābos Muquḥ, eremitam in Tanbēn, miserat; Berhāna Masqal et Māḫṣanta Masqal. Denique, octo et viginti hominum agmen fuit.

Et surrexerunt et attigerunt flumen cui nomen est Bāšelo; ad eius ripas pernoctaverunt. Mane, Bāšelo flumen traiecerunt. Et terram Amḥarā attigerunt, et in Malak Sānqā pernoctaverunt. Inde surrexerunt et terram Telomā petiverunt, et *ibi* commorati sunt. Mense quam surrexerant elapso, terram Šawā attigerunt, et in urbem, cui nomen erat Ērar, ingressi sunt; tunc Ṣenf Arʿad rex erat et Delnaʿād exercituum magister et Del Mogasā regina Regis uxor. Mensis, quo pervenerunt, mensis yakātit erat.

Romāna Warq, uxor Wald Ḫēr, qui magister hominum thronorum (liqa sabe'a manābert) erat et quem Rex in primis deamabat, hospitio advenas recepit. Tunc, cum pāpās Pēṭros, domum unam habitantes, erant abbā Ydo, abbā Laṭesun, pater noster (=abuna) qasis abbā Qeberyâl, praefectus eius domus (= seyuma bētu) Sāwiros filius Qozmos, et edug Fesseḥa Krestos;

hic enim illa die consedit ut cum metropolita consilium iniret de sacerdotum praeposito in terram Amḥarā mittendo.

Die IV mensis yakātit, tribus servis ut gramen pro mulis colligerent, tribus aliis ad asinos servandos, altero ad acapna colligenda, altero ad aquam postulandam, duobus ut excubias agerent in castris relictis, ad metropolitam processerunt. Metropolita Fetḥa Nagast secutus est :

librum legis illorum (= CCCXVIII Orthodoxorum), qui Fetḥa Nagast dicitur, in quo ius materiale et ius spiritale inveniuntur; cuius nomina haec sunt : taṭlās sive e Synodo haustum; alterum omen Mak est, sive Fetḥa Nagast alterum; tertium nomen Mag est, sive Fetḥa Nagast tertium; et quartum nomen Maǧ, sive Fetḥa Nagast quartum.

Metropolita Pēṭros denique Tomās in nebura ed, Marqorēwos in diaconum et inde in sacerdotem elegit : ceteris munera, unicuique suum, dedit.

Die v mensis yakātit, Rex, qui cum Marqorēwos, Wald Ḫēr inducente, collocutus erat, secundum Marqorēwos consilia ecclesiam in Wagdā condere iussit, cui nomen Dabra Rāʿey imposuit et quam sancto Gabrieli dicavit. Eadem die, Marqorēwos, abeundi venia e metropolita recepta, cum sociis profectus, vespere Malzo attigit et in infidelium terram, Gizē Meder dictam, ad flumen Madbarā venit, et noctem apud sacerdotem Takla Wāḫed et uxorem eius Walatta Wāḫed transegit : infidelibus ad christianam fidem reductis, ibi quinque ecclesias condidit quas ad sacrandum Rex metropolitam Pēṭros misit.

Die xxx mensis yakātit, Marqorēwos coenobium suum Gadāma Qāḥēn attigit; sed ante quinque dies magister eius Pāwlos obitus erat, cuius loco abbā Samra Krestos antistes erat. Abbā ʿOṣ, qui Pāwlos magister fuerat, cum ei apparuisset in somnis, Marqorēwos ut Dabra Šemānā migraret hortatus est; qua causa, is e Gadāma Qāḥēn discessit, vespere Šeguālā pervenit et noctem apud baʿāl gādā Walda Gāber et eius uxorem Egziʾ Ḫarayā transegit; inde Dipā Gālo, montem in Wagr Ḫaribā, attigit, ubi fratres suos Absādi et Mātēwos invenit; cum ipsis Gadāma Delmā, quod apud Magdalo est (ad Magdalo dexteram partem flumen ʿArz, ad sinistram flumen Māya Nērā sunt) petivit. In Gadāma Delmā antistitem Demyānos, qui mār Tewekeltena Egziʾ et iusto Yerkebana Egziʾ successerat, venerati sunt : erant tunc in coenobio Musē, Dāwit, Mātēwos, Ērmyās, Giyorgis, Maqāres, Barakata Alfā, Semʿon, Tasfā Wāḫed, Bakuera Ṣyon, Takla Ṣyon, Kēfā, Rezqellā, Sadaqā, Filā, Bulā, Tasfu, Ṣagā Za'ab, Meḥrata Ab, Sem'on, Filātāwos, Gabre'ēl, Iyu'ēl et Tāg patres; Asāḥēl, Gabra Masqal, Esṭifānos, Tanse'a Krestos, Za'ab Qāl, Gērlos, Romānos, Ērmyās, Dān'ēl, Ḥeywat Bena, Mesrāqa Egzi', Takla Egzi' Egzi'abeḥēr Keberna, Noḫ, Gabra Manfas Qedus, Abrehām, Zar'a Buruk, Zēnā Mikā'ēl, Besrāta Gabre'ēl, Gabra Krestos, Warada Qāl, Iyasus Mo'a et Egzi' Ṣawanena discipuli. In hoc tempore Ṣenf Ar'ad Rex diem obiit.

Cum Wedem Ar'ad imperii potitus esset, Marqorēwos in solitudinem reversus magnis abstinentiis et corporis afflictionibus vixit. Tunc, Merfāqinā coenobium in Sawā florentissimum a provinciae Morā praefecto, cum eius uxor El'artā magnas in coenobio fornicationes patrasset, simul cum bēta elǧeno, quod est precis domus[1], flammis deletum est.

Absādi, paulisper cum Marqorēwos commoratus, Dabra Šemānā, quo abuna Ēwosṭātēwos incolebat, petivit; ab Ēwosṭātēwos, octo et viginti annos natus, monachalem vestem accepit.

Marqorēwos cum discipulo Musē, mensis itinere confecto, Dabra Bazēqā attigit, inde Dabra Marmur, quinto mense Dabra Naguādguād; Euphratem traiecit; septimo mense ad Beḥēra 'Āzāf pervenit; iterum Euphratem traiecit; Hierosolymam visitavit; ante quam annus confectus esset, ad solitudinem suam regressus est.

Wedem Ar'ad quindecim post annos quam imperii potitus erat diem supremum obiit. Tum, 'Amda Ṣyon rex fuit, qui annos xxx, menses xi imperavit. Marqorēwos, trigesimum annum agens, ad Ēwosṭātēwos migrare statuit, qui tunc incolebat Dabra Šemānā.

[1] Fragm. brev. n° 5.

Hoc coenobium apud castra magistratuum Ḥenṭālo erat : e regione ipsius erat coenobium sancti abbā Sāmu'ēl, qui Sāmu'ēl de Wāldebbā non est, et cui coenobio erat nomen Maradā.

Ēwosṭātēwos, Marqorēwos inter discipulos recepit et monachali veste induit.

Cum Marqorēwos patris *nostri Ewosṭātēwos manibus mona- *p. 21
chus factus est, tertium et trigesimum annum agebat, et quartus erat annus imperii ʿAmda Ṣyon, Regis iusti, cui nomen imperii erat Mabraq Sagad, orthodoxi.

Quinto et decimo die post quam Marqorēwos monachalem vestem susceperat, Ēwosṭātēwos

ad aliam regionem e regionibus Tegrē profectus est, cui est nomen Lāstā, et veniam sequendi filio suo Absādi uni concessit, ut cum patre nostro Gērlos conveniret qui in coenobio cui nomen est Gebṣāwit erat : coenobium hoc in terris infidelium erat, quae Doba sunt et Waflā; fideles autem illis diebus perpauci erant.

Gērlos, a Mārmeḥnām de Dabra Lālibalā comitatus, cum Ēwosṭātēwos convenit; collocuti sunt, et postea ad sua coenobia regressi sunt. In hoc tempore Marqorēwos magna prodigia gessit, quae ad videnda multi ad Dabra Šemānā venerunt;

et urbes illorum hominum, qui ut Satanam in aere crucifixum viderent venerant, sunt regio Wāǧerāt, et oppidum magnum Ḥenṭālo, et regio Maradā, et regio Saḥart usque ad fines Tanbēn et usque ad fines Lāstā et usque ad fines Endartā.

Ēwosṭātēwos reversus et Marqorēwos prodigia multa simul fecerunt; nec homo quidem de his certior factus est, usque dum monachus Abulides, ad festum commemorationis cuiusdam magistratus, cui nomen Zare'a Ṣyon fuerat[1], vino et hydromeli inebriatus, omnia praedicavit.

[1] Fragm. brev. n° 6

Marqorēwos quatuor annos in Dabra Šemānā commoratus est; Ewosṭātēwos autem ibi septem annos egit, e quibus tres antequam Marqorēwos veniret. Deinde, cum Marqorēwos annum ageret septimum et trigesimum, Regis ʿAmda Ṣyon orthodoxi anno VIII, Ēwosṭātēwos ad Dabra Sequert migrare statuit et Marqorēwos cum asino suo misit cui erat nomen Yemrāḥeka Krestos et super quem libros suos imposuerat :

qui erant Synodus, Didascalia, psalterium Davidis, quatuor Evangelia et quatuor Novi Libri, et Liber precum id est Weddāsē Amlāk per hebdomadem, et Simeon Stylita, et Liber precum patrum nostrorum Aegyptiacorum.

Ēwosṭātēwos, profectus, fines provinciae Saḥart apud Tanbēn attigit, quo noctu a Faqāda Krestos, praefecto provinciae Saḥart, cui tunc quatuor erant liberi : Gabra Krestos, Tanseʾa Krestos, Manbara Krestos et Yamāna Krestos, hospitalitatem accepit. Sed Marqorēwos, cum fratribus Demyānos, Kozmos, Takla Alfā et Kiros profectus, rupem Demērā attigit : ibi latrones, quorum latibulum in rupe illa, Makāna Fayāt dictum[1], erat, asinum involaverunt, quem cum septem iam raptis bobus ʿAbiy ʿAd ad vendendum mittere cogitabant. Marqorēwos autem latrones ad bonam frugem recepit, asinum recuperavit et Dabra Sequert, ubi iam magister accesserat, pervenit.

Marqorēwos in Dabra Sequert septem annos cum Ēwosṭātēwos mansit, inde proficisci ad Dabra Māryām, quo pater eius spiritalis Dānʾēl inhumatus erat, et ad Dabra Barbarē statuit. Abeundi venia ab Ēwosṭātēwos recepta, cum annum quartum et quadragesimum ageret, Regis ʿAmda Ṣyon anno XV, cum suo discipulo Habta Egziʾ, profectus est.

[1] Fragm. brev., n° 7.

Et flumen cui est nomen Gebā transiit, et regionem cui est nomen Abargalē attigit, quae ad litus *fluminis* Takazi est. Huius regionis incolae pessimi sunt, nec advenas amant, et, si monachum adspexerint, monachum serpentem hominum voratorem putant.

Ibi fortuna ei adversa fuit. Denique, verberibus laceratus, in vincla coniectus, in foveam abreptus cum discipulo est. Discipulus vero ab angelo exemptus in Dabra Panṭālēwon aufugit,

Dabra Panṭālēwon, quod ad Akuesem, ʿAṣabo dictum, est, et ad antistitem cui erat nomen Za-Iyasus ingressus est.

Marqorēwos autem quinque annos in vinclis commoratus est. Postremo, monachi alii cum advenissent, populus captivum revocavit, et, multis de provincia Ṣalaint adiuvantibus, liberavit. Ipse multos ad christianam fidem reduxit :

his monitionibus e patris nostri Marqorēwos ore auditis, ex communi sententia dixerunt : « Sane, quae nobis iussisti perfecturi omnia sumus, et nobis liberisque nostris lex erunt. » — Hanc legem generationes illae usque ad mortem confirmaverunt; generationes autem quae postea fuere hanc legem reliquerunt et contempserunt, qua causa periere et peste mortui sunt.

His confectis rebus, Marqorēwos, proficiscens, Takazi transiit.

*Iter patris nostri Marqorēwos ad terram Agd, quae inter Darā est et Qarodā, vini regionem. *p. 22. Cum flumen Takazi traiecisset, in homines quosdam mercatores incidit, qui ad terram Guağām peregrinabantur, cum camelis asinisque sindones imposuissent et nigras colore vestes quas divites et nobiles temporibus moeroris induunt, etiam vestes quarum color ruber erat, quas reges et magistratus accingunt, et sericas albas et hyacinthinas, et coccina et byssum, et magnam salis copiam.

Incognitus cum mercatoribus itineris partem fecit; discedens inde, solus coenobium Dabra Agd petit, ubi die x mensis yakātit, Regis ʿAmda Ṣyon «Dei amantis[1]» imperii anno XX, ipse cum quinquagesimum ageret annum, pervenit. Brevi prece in ecclesia sancti Georgii (qedus Giyorgis liqa samāʿetāt) facta, a coenobii monacho cui erat nomen Ēsṭifānos in abbatis (mamher) ʿAmda Hāymānot conspectum deductus est : erant tunc coenobio monachi trecenti quinquaginta. Librum de virginis Mariae miraculis[2] et Synaxarium legendo mensem egit. Domicilio inter conventuales electo, se studiis piisque meditationibus omnino dedit; qua re fratres, qui manuum opera laborabant, in iras exarserunt : seditionem autem ʿAmda Hāymānot compescuit. Tres annos Marqorēwos, ʿAmda Hāymānot praesule, egit; quo tempore duos annos coenobii oeconomus (magābi) fuit et sua opera a summa caritate, quae regionem illam opprimebat, fratres eripuit; cetero, dabat se studiis. Tertium post annum, ʿAmda Hāymānot, qui valde Marqorēwos diligebat, supremum diem explevit, et Ṣaḥāya Leddā abbas cooptatus est. Eius temporibus, mores corrupti sunt; irae et protervae reclamationes in studiosum advenam surrexerunt, et Ṣaḥāya Leddā, qui eum odio persequebatur, ipsum ut deprimeret et veneratione spoliaret asinorum pastorem fecit. Marqorēwos cotidie mane a servorum magistro (liqa radeʾe) abbā Gabra Krestos et ab oeconomo abbā Qozmos asinos quinque et triginta accipiebat, quos ad pabula in Merʾaya Marqorēwos, ad flumen (coenobium enim erat ad flumen Wedo «quod[3] in lacum, cui nomen est Ṣānā, ingreditur») propellebat; ibi, dum asini per pascua liberi perer-

[1] Fragm. brev., n° 8. — [2] Fragm. brev., n° 9. — [3] Fragm. brev., n° 10.

rant, in alta cella remotus precibus diem agebat; vespere, asinos sponte conventos ad coenobium reducebat.

Postquam pater noster Marqorēwos hunc eremum pede suo compresserat, pinguc gramen et copiosissimum terra emisit, cui *gramini* nomen gāǧā[1] ct lešā[2] et šankora est, et cuius altitudo asinorum colla assequebatur.

Iraę autem non conticuere. Fratres asinos immutatorum pascuorum causa emacrescere dixerunt, quapropter abbā Ṣaḥāya Leddā eum acriter vituperavit, nec Marqorēwos aegritudo usque abbatis obitum cessavit. Sed subitaneo letali morbo percussus abbā Ṣaḥāya Leddā, antequam a vita recederet, pacem cum Marqorēwos pangere voluit; Ṣaḥāya Leddā mortuo, statim advenae amici vires auxerunt, ct Marqorēwos coenobii antistes factus est.

Et pater noster [in Dabra Agd] annos duos cum asinos custodiret, annos tres cum pater esset, annos tres cum abbā ʿAmda Hāymānot simul commoratus est; universim patris nostri Marqorēwos in Gadāma Agd commoratio annis octo fuit. Ante, regionis incolae et communitas, e Gērlos temporibus usque ad abbā ʿAmda Hāymānot, cuius diebus pater noster Marqorēwos peregrinatus est, coenobium hoc Emā Šankoro appellaverant; post patris nostri Marqorēwos in eo commorationem coenobii nomen mutatum. Ac nominis mutationis causa haec fuit. Aegrotus venerat, quem pater noster Marqorēwos asinorum pastor sanavit : nobilis hominis ex civitatis quam Wedo dicunt optimatibus, gnatus erat. Ei, cum ad patrem eius et matrem eius venisset, et pater et mater et cognati dixere : «Quis te sanavit?» — Puer ille, asinorum (aʾedug) nominis oblitus, eis : «Marqorēwos, inquit, aged pastor me sanavit.» — Pater eius et mater magnis cum muneribus et oblationibus, postquam abbā ʿAmda Hāymānot et abbā Ṣaḥāya Leddā obierant et pater noster Marqorēwos pater spiritalis eva-

[1] Amharico vulgari eloquio «avena» est. — [2] Tigraico (si etiam Amharico nescio) vulgari eloquio «gramen apud aquam germinans» est.

serat, venerunt, coenobium illud cui erat nomen Emā Sankoro attigerunt, et, sicut filius retulerat, dixerunt : «Ubi abbā Marqorēwos, aged pastor, est?» — Congregatio obstupuit dicens : «Quid illorum hominum verba aged pastor? quomodo «aged pastor» interpretatur?» — Quibus ad patrem nostrum Marqorēwos relatis, *pueri parentes* ingressi patri nostro Marqorēwos dixere : «An tu aged pastor, qui liberum nostrum sanasti?» — Tum pater noster Marqorēwos leniter risit atque communitati illisque hominibus:
*p. 23. «Oblitus, inquit, puer me *aged pastorem dixit, dum adeg (= asini) pastorem dixisse putabat.» Communitas et homines illi obstupuerunt. Communitati quae tulerant tradiderunt, et domum reversi sunt. Quapropter, rerum historicarum scriptores regionis incolas et communitatem qui hos post dies fuere, adhuc coenobio Dabra Agd nomen indidisse tradunt.

Novum a Marqorēwos, asinorum pastor cum esset, gestum miraculum enarrabatur : asinus, cum ex itinere ad coenobium declinasset, mercatorum agmen, quod Koso et Fogarā petebat, secutus est; sed, «cum constrictionis locum ad magni lacus litora cui est nomen Ṣānā attigissent[1]», asinus antequam dies decederet ad coenobium reversus est.

Marqorēwos, cum octavum et quinquagesimum annum ageret, Regis ʿAmda Ṣyon «Regis pacifici, qui cum iustitia Regem excelsorum coluit[2]», imperii anno XXVIII, Akuesem «metropolin regum liberorum Menilek filii Salomonis filii Davidis[3]», petivit; Sionis enim arcam venerari statuerat quae cum Menilek ad terram Agʿāzi venerat,

ut haec historia in libro scripta est cui nomen est Kebra Nagast, quem abbā Gregorius, Armeniae episcopus, et sine sanguinis effusione martyr, composuit de Sionis, quae tabernaculum Dei Israelis est, gloria et de Aethiopiae Regum gloria qui e lumbis Menilek filii Salomonis filii Davidis geniti sunt.

[1] Fragm. brev., n° 11. — [2] Fragm. brev., n° 12. — [3] Fragm. brev., n° 13.

Cum Akuesem attigisset, apud viduam aetate provectam et nobilissimam, cui erat nomen Ṣyon Kebrā, diversatus est. Praeter modum curiosi, Akuesem sacerdotes, abbā Qaṣala Ṣyon suadente, mulieres duas, Emna Esṭifānā et Emna Galilāwit, ad Ṣyon Kebrā miserunt quae de advena cognoscerent; certiores facti, ei magnum honorem tribuerunt. Sed, nominis et honorum fastidiosus, in parvam speluncam aufugit et ab ecclesiae visitationibus abstitit. Hoc tempore, magnus in Akuesem tumultus fuit. Puer de Daqqa Madabāy puellam spoponderat; sponsa vero ab alio rapta erat. Amborum familiae et amici, armis sumptis, proelium in Makāna Ṣyon apud Akuesem commiserunt et proelio viri de Madabāy, Adēt, Serē et ʿAdwā interfuerunt. Sed Akuesem sacerdotes et optimates inter pugnantes se interposuere.

Qui in ecclesia erant, haec de vehementi certamine et de magna caede cum audissent, ex ecclesia egressi sunt, sacerdotes et psaltes et praefecti, et qui antea munus absolverant et qui munere fungebantur, qui appellabantur Nabered[1] Mikā'ēl, Nabered Fesseḥā Ṣyon, Nabered Zagiyorgis, Nabered ʿAmda Hāymānot, Nabered Baqāla Ṣyon, Nabered Baẖayla Ṣyon, Nabered ʿAmda Ṣyon, Nabered Bakuera Ṣyon, Nabered Isāyeyās, Nabered Walda Hāymānot, Nabered Agāmso et Nabered Walda Leʿul : qui autem eo tempore annuo munere fungebantur, duo erant, Nabered Mikā'ēl et Nabered Fesseḥā Ṣyon, ut sanctum Evangelium quod Iohannes evangelista scripsit, parvo cap. CVIII et magno cap. XIII, de Cahifa summo sacerdote ait[2] : «nec suo corde haec vaticinatus est, sed cum summus sacerdos esset, et tempus eius annus ille erat.» Decem autem antiqui, qui munus absolverant, honore fruebantur ut munere fungentes nabered, neque a iudiciis, consiliis, perspicientia, omnibus legibus urbis Akuesem, quae caelestis Sionis locus est, segregabantur.

Egressi quoque sunt monachi et monachae, magistratus et hegu-

[1] Nabered corrupte = nebura ed, Auxumae antistes. — [2] Ioh., XI, 51.

meni, regum gnatae et eunuchi, homines et mulieres, senes et pueri, tabernaculum et evangelium tenentes et crucem et lucentia turibula et umbellas et duo aurea et argentea tympana, quae, cum metropolis in Akuesem esset, reges prisci dederant (qui Kālēb *p. 24. sunt et Gabra Masqal, cuius diebus *Yārēd annui psalterii ordines ad regulam et normam composuit : iterum, Gabra Masqal, Domino indutus, *sancti* abbā Aragāwi coenobium, Dāmo appellatum, condidit) et aurea et argentea cymbala : canticum, quod de caelestis Sionis gloria erat, desiit, nec unus quidem in ecclesiae oppidique penetralibus mansit, nisi duodecim ministri Eucharistiam custodientes, nam custos et diaconus in bēta leḥēm[1] descenderant et Sacrificii sacramentum secundum leges canonesque a patribus nostris Apostolis in eorum constitutionibus constitutos perfectum erat. *Egressi sunt* et [illegible] et infirmi et claustrorum monachi et solitarii qui caprinis hispidis pellibus et [illegible] palmeis vestibus et corio induebantur et in oleastrorum et pāwkēnā radicibus habitabant et apud ecclesiae moenia et sub lapidem magnum quem Satanas, mendacii pater hominumque universorum adversarius, antequam tabernaculum Dei Israelis, coelestis Sion, adduceretur arte confecerat[2].

Huius tabernaculi de adventu rumorem cum e longinquo (*tabernaculo* tunc mensis circiter erat iter) audisset, Satanas expavit et ait: «Hoc loco som (*sardonycis*) equidem non manebo!» : gemmam enim medio fere loci in centro suspenderat ut ipsum homines hanc som (*sardonycem*) inspicientes lucis Deum dicerent, ac som interpretatio «gemma» est; quapropter urbs Akuesem vocata: namque Akuesem interpretatio «locus sem» est, id est «locus gemmae», propter som (*sardonycem*) quam Satanas in sanctuario quod condiderat ut lucum creator diceretur suspenderat. Antea, huius urbis nomen ʿAṣabo fuerat. Quibus dictis, Satanas iste hanc, quam in aedificio quod arte sua ad creaturas omnes seducendas exstruxerat, sardonycem fregit, surrexit, urbem Makkā, quae est Geddā, petiit, ubi antea Diabolus magister eius ad illam, filii sui Maḥammad patriam, benedicendam ceciderat. Satanas iste, qui e Diaboli militibus erat, illo loco mansit, patriam filii sui Maḥammad exornans, usquedum Maḥammad revelatus est; Maḥammad seducto, ei locum donavit ut

[1] Locus quo panis eucharisticus paratur. — [2] De magnis qui in Aksum urbe obeliscis sunt agitur; eos enim vulgus a diabolo confectos putat.

eius eiusque liberorum sedes usque adhuc esset. Deinde *Satanas* terram Šawā petiit, et in terra Šawā, omnes terrae Šawā homines in peccatum inducens, commoratus est : a patre nostro autem Takla Hāymānot, eius praedicationis temporibus, recessit et in terram ʿAdal aufugit; ac, post patris nostri Takla Hāymānot obitum, *ad terram Šawā rediit, nec admodum patris nostri Takla Hāymānot liberos miratus est nec metuit[1], et seducendo commoratus est. Pater noster Marqorēwos, cum sacerdotalis muneris suscipiendi causa regionem Šawā petisset, hunc Satanam omnes terrae Šawā incolas seducentem invenit; quem pater noster Marqorēwos in urbis medio crucifixit; inde eum e crucifixione deposuit et in magnum abyssum deiecit dicens : «Usque ad alterum Domini nostri Iesu Christi adventum mane!» — Et ad terram suam pater noster Marqorēwos rediit. Quae ex miraculorum a patre nostro Marqorēwos in terra Šawā gestorum historia supersunt, ecce, scripsimus. *p. 25

Pugna diremta, sacerdotes, novorum iurgiorum evitandi causa, cras interfectos inhumari statuerunt. Sed, noctu, duo «nigri sicut corvi et sicut servi terrarum Dubani[2]», apud Marqorēwos speluncam duos, qui alterius factionis erant et quibus erant nomina Danfā et Abidārā, necaverunt : mane mortuorum socii, «ipsos hydromelis amantes et saccharum eos vincere et ambos domi et ruri, veluti crocodilos *fluminis* Takazi, arcte dormire[3]» solitos cum scirent, principio absentiam non animadverterunt, postea, cadaveribus ad Marqorēwos speluncam inventis, magna ira eum criminis arguerunt, in vincla iniecerunt, acriter vexaverunt. Ille autem se a culpa abesse demonstravit. Denique, iris omissis, nuptiae inter puerum de Daqqa Madabāy, cui antea virgo rapta erat sponsa, et filiam Zarʾa Ṣyon, praefecti provinciae Serē, pacem confirmaverunt. Post haec, Marqo-

[1] Hic de odio quod Ēwosṭātēwos discipuli in Takla Hāymānot discipulos saepe habuerunt agi videtur. — [2] Frag. brev., n° 14. — [3] Frag. brev., n° 15.

rēwos Akuesem, aedibus Emna Ṣyon Kebrā sibi electis, mansit; anno elapso, Ṣyon Kebrā diem supremum egit. Marqorēwos annos duos ibi, amatissimus et veneratissimus, incoluit; cum Akuesem civitas ei pagi feudum obtulisset, assentiri noluit. Postremo, cum «patris nostri Marqorēwos facinorum fama per omnem terrarum orbem, prope et longe, percrebuisset usque ad terram Šawā et usque ad terram Ḥamāsēn[1]», abire statuit.

Inde, caput novum incipiebat: «historia de patris nostri Marqorēwos itinere ad Gadāma Guarasā, quod in provincia Serē inferioris est[2]». — Marqorēwos, annum sexagesimum agens, ex Akuesem ad Gorasā migravit; Gorasā vero

> solitudo asperrima et aestuosissima est; magna ibi et profunda spelunca invenitur; et in medio *solitudinis est* iter, quod usque Akuesem deducit.

Cum Gorasā peteret, Marqorēwos, «in itinere animal, cui nomen est bubalus, invenit, quod super gramen, id est quayā[3], obdormiebat[4]». — Inde, cum in Gorasā incoleret, venatores provincia Serē nati — alii vero Guağām oriundi erant, sed in Serē incolebant — qui venatum «cum igneis ballistis, id est naft[5]», venerant, apud eum congregati sunt, ex quibus quinque virgines, Tasfā Ḥawāryāt, Gaber Ḫēr, Zakāryās, Pākumis et Yāʿeqob, monasticam vitam amplexi sunt.

> Postea monachali veste patrem nostrum Zakāryās de Qarna Anbazā, et Takasta Berhān de Qosyāt et Yāʿeqob de Ḫadbar induit: Zakāryās genuit Gabra Krestos, Gabra Krestos genuit Pākuemis: Pākuemis patrem nostrum Tasfā Ḥawāryāt de Wāldebbā genuit.
> Ad historiae nostrae initium redimus dicentes : Patris nostri

[1] Frag. brev., n° 16. — [2] Frag. brev., n° 17. — [3] Vulgari tigraico eloquio «themeda triandra» est. — [4] Frag. brev., n° 18. — [5] Frag. brev., n° 19.

Gaber Ḫēr locus natalis et patria Ḫuāḫuilā appellatur; patris nostri Zakāryās locus natalis et patria Ambā Gudā appellatur, quae prope urbem est cui nomen est Kuākuelā. Haec omnia in Gadāma Gorasā acciderunt, cuius finitimae regiones et proximae urbes Falfalit, Qāgmā, Ambā Ḫuāḫuilā, Kuākuelā et Ambā Gudā sunt; omnes autem, a Takazi usque ad Marab, provincia Serē dicuntur.

Ita, in Guarasā religiosa communitas apud Marqorēwos, hominibus multis et mulieribus convenientibus, orta est. Ecclesiam Virgini Mariae (pr. : Egze'etna Māryām) dicatam Marqorēwos condidit, super fratres Abrehām in oeconomum (magābi) et Yesḥaq in servorum magistrum (liqa rade'e) elegit, super monachas quandam ʽElēni antistitam (ema menēt) fecit.

Pater noster Marqorēwos, cum in Gadāma Gorasā esset, patrem suum abbā Ēwosṭātēwos in Gadāma Barāqit, in provincia cui nomen est Quaḥayn, morari ex auditu accepit, et altissime iter fecit. Quem aspicientes viatores nimbum a vento cui taro[1] est nomen involutum putabant; et viatores omnes, alter alteri, dicebant : «An taro hoc vidistis, quod *serpentis instar a capite suo usque ad suam *p. 26.
caudam erat?» imbrium enim erat tempus, qua re taro dicebant.

Ēwosṭātēwos visitato, ad coenobium suum rediit; antistitem suo loco elegit, Yesḥaq et ʽElēni in anteriore munere confirmavit, ad oeconomum eligendum, Kefla Māryām suadens, fratres convocavit. Postea, decem cum fratribus, qui monachalem vestem nondum susceperant, et quorum nomina erant Zabdēwos, Takla Hāymānot, Baṣalota Mikā'ēl, Endreyās, Baḥayla Ab, Ṣagā Za'ab, Krestos Ḫarayo, Samrat Ṣyon, Kēfā et Takla Alfā, fratrem Zakāryās ut coenobium novum conderet misit, eique futura de coenobio condendo vaticinatus est :

« . . . . . ubi multae sunt oleastrorum arbores, atque usque ad

[1] Amharico et tigraico vulgari eloquio «turbo» est.

dimidium montis te ascendere faciet ibique cum perventus sit requiescet. Tu autem locum illum a Domino tibi definitum nosceris. Huius coenobii signa duo super ipsum montes, alter hic alter illic, erunt; montium in medio via munita est quae descendere facit [illegible] et ascendere facit. Huic loco nomen antiquitus Medērā fuit. Ibi enim incantatores et simul erant malae beluae illis incantatoribus incantamentorum vi quae apud Satanam didicerant oboedientes : incantatores illi et illae malae beluae, cum Sionis tabernaculum venisset et in terra Akuesem resedisset, periere, qua causa locus Medērā usque adhuc appellatus. Inde ab hoc tempore autem Qarna Anbazā ab omnium generationum ore quae post me et post te venient appellabitur; namque leonem sub eum invenies, ipseque tibi iter monstrabit, atque duo illi montes cornua videntur, cum non cornua sed ulna dentesque unguesque longaque cauda pilosaque vestis vultusque terribilis leonibus sint; qua re, Qarna Anbazā appellabitur, anbazā enim aethiopico sermone, id est sermone Tegrē, anbasā (= *leo*) interpretatur.»

Illis temporibus ad Sionis tabernaculum adorandum quam saepissime Marqorēwos Akuesem ibat. Tum

Spiritus Sancti auxilio, pater noster Marqorēwos magistra[illegible] quendam, cui nomen erat Demṣa Selus, quem Rex ʿAmda Ṣyon [illegible] flumine Takazi usque ad flumen Marab et a flumine Marab usque ad magnum mare, id est Meṣwā, constituerat, venturum esse cognovit. Ille enim Regis sororem, Lud Sennā, quae in vitam antequam ʿAmda Ṣyon Rex ingressa erat et a Rege, cum unus pater unaque mater ambobus essent, in primis deamabatur, uxorem duxerat; atque, cum magistratus iste, Demṣa Selus, bellator et nobilis ortu et strenuissimus et huius mundi transeuntis opibus potens esset, et iuris magister et pauperum defensor, ʿAmda Ṣyon Rex ei sororem suam cui erat nomen Lud Sennā uxorem dederat.

Inde, Demṣa Selus, cum Tegrē attigisset, Gorasā ivit, et cum duobus familiaribus suis, quibus erant nomina Walda Selus et Gabra Selus, Gorasā transiit et patrem nostrum Marqorēwos adivit.

Marqorēwos, septem annos in Gadamā Gorasā commoratus, abire statuit.

Post haec, pater noster Marqorēwos, cum septimum annum ageret et sexagesimum, *Regis Sayfa Arʿād imperii anno VII, cuius *p. 27. imperii anni octo et viginti fuere, e Gadāma Gorasā surrexit.

Postquam monachis et incolis valedixit, cum quinque discipulis, Gaber Ḫēr, Za'iyasus, Enṭonyos, Yāʿeqob et Batra Māryām, ad patrem suum Ēwosṭātēwos in Barāqit ivit : ibi, patris sui spiritalis Ēwosṭātēwos gratia, cum sua matre Salomē collocutus est. — Inde, discesserunt; Ēwosṭātēwos in Dabra Barquāḥ, Marqorēwos in Guadāʿ cum quinque discipulis, Salomē «in septo cui nomen est Addaqmašo[1]», Tomās in Māy Ṣaʿādā, «ista enim gentis suae terra erat[2]», sedem posuit. Marqorēwos magnum in Ambā Gudād coenobium constituit; inde, ancilla cui nomen erat Zaman Baḫa, homini, cui erat nomen Zawalda Māryām, nupta, e communitate discessit magnasque de coenobio quod in ʿAd Negdu et ʿAd Negsā et ʿAd Qast et ʿAd Ṣāylalā et ʿAd Basā et ʿAd Kunā et ʿAd Marā conditurus erat, visiones vidit. Angelus ei terrarum omnium, in quibus coenobium illud conditurus erat, nomina explanavit. «ʿAd Negdu advenae locus interpretatur[3]», Awrāsis enim ibi, cum incantamenta agens ex ʿAdal venisset, pagum condiderat qui postea dirutus est; quo loco, Dabra Demāḫ et Marqorēwos sepulcrum erunt.

Diebus Menilek Regis, Salomonis filii, homo quidam, cui nomen erat Negusen, e terra Akuesem venit et Marab flumen magnis cum copiis transivit, ut argenti et boum et caprini pecoris, hircorum arietumque tributum e liberis Chanaani, filii Cham, filii Nohae, patris Iapheti et Sem, susciperet, quibus dixerat : «Cha-

[1] Frag. brev., n° 20. — [2] Frag. brev., n° 21. — [3] Frag. brev., n° 23.

naani filius fratrum suorum servus sit[1] », qui *Chanaani liberi* regionem, cui nomen est Dubani, incolebant. Solitudinem illam pertransiit et terram Dubani attigit : Chanaani liberi eum magno honore, quia eorum erat princeps quem Menilek, terrae Agʿāzi Rex, super ipsos elegerat, exceperunt. Sex menses apud eos, regium tributum colligens, commoratus est. Sex post menses, ad Regem rediit, et per illum eremum suum transitum et iter habuit. Et pro sua consuetudine ad eremum illum e terra Dubani advenit tentoriumque suum plantavit; milites autem eius, unusquisque e more suo, in eremi planitie mapalia fecere; et qui ex Chanaani liberis venerant, terrae Dubani duces, quibus erant nomina Tobēl et Bertegual, Yoqāṭin et Abrib, quattuor qui sub Negusen, Menilek servo, constituti erant, sua tentoria eodem modo posuere, et eorum homines, sicut milites Negusen, mapalia fecerunt. Et castra illius eremi in planitie metati sunt. Illa nocte, Negusen ancipite morbo aegrotavit, et usque ad mortem prope accessit : populus vero eum custodiebat. Missos ad Regem ut ipsum de illius morbo certiorem facerent misere. Missi iverunt et Regi servi sui Negusen infirmitatem renuntiaverunt, et Rex : — « Ubi aegrotavit, inquit, usque ad valetudinem maneat, et incolae, qui ad locum illum accolunt, res ei necessarias et militum commeatum suppeditent : duces autem Dubani, quos subter Negusen servum meum constitui, regni mei tributo sumpto, adveniant ! » — Missi venere et Regis statutum dixere : Dubani duces, eius regni tributo sumpto, surrexerunt, profecti sunt, ad Regem ingressi prociderunt, se prostraverunt, tapetum osculati sunt et prius ei oblationes et dona et munera, postea regni tributum numeratum dederunt, quae regiae minister sive omnium rerum administrator accepit. *Angosā autem uxor, virum suum Negusen aegrotare audiens, magna frugum mellisque butyrique oleique copia super asinos imposita, cum illis Dubani ducibus venit, ad virum suum Negusen pervenit. Illi vero Dubani duces, eius infirmitatis vehementia adspecta, contristati sunt et in suam patriam cum militibus recessere. Negusen decem menses hoc morbo laboravit. Rex missos ad eum mittebat dicens : « Nonne sanatus es ? nonne firmam valetudinem invenisti et praestantior parvo morbo fuisti ? nonne te Dominus de morbi onere remisit ? » Decimo mense confecto, sanatus est, valetudinem integram inve-

*p. 28.

[1] *Gen.*, IX, 25.

nit atque sanus ac primum et vivax evasit; species et vis quae primitus ei restitutae sunt. Qui e longinquo eius infirmitatis videndi causa veniebant homines, e Negusen nomine huic eremo ʿAd Nagsā nomen indiderunt; quapropter, quinque Regum temporibus qui postea regnavere, *eremus* ʿAd Nagsā nominatus est.

Ad Qast nomen ab arcu (qast) accepit quo venator e tribu Rafāyn, ibi a serpente zārāt[1] interfectus, utebatur.

Solitudo quae est Ṣaylalā tibi altera non videatur, namque tua solitudo erit; et eius nomen «tu equidem Sol istius solitudinis in vita et in morte es!» interpretatur.

....

....Ibi homo erat quidam, cui erat nomen Ḥarasfosi; eius uxor Adlaklyā nominabatur, eius liberi sicut Iacobi liberi duodecim erant......

.... Hic vero Ḥarasfosi, temporibus imperii Zāguē vita fruebatur : e pueritia strenuus; nullus erat ei iuvenis eius diebus par. Messium mense, eius uxor et liberi et servi ad agresta opera conficienda, quae frumenta et hordeum coedere sunt et mergites colligere et in struem congerere et pulchra per terras percipere, ruri fuerunt : ipse autem vaccinum butyrum melle commixtum ut biberet domi mansit. Sole incalescente, ad domus ostium, tapeto super cubiculum et bovina pelle super tapetum (locuples enim sua ratione erat) superpositis, somnus eum pressit; ille obdormivit et rhonchavit. Eius rhonchi rumore audito, leo e deserto venit, super eius cervicem prosiliit cervicemque apprehendit; ille autem experrectus leonis guttur apprehendit ipsumque anxit et necavit : vicissim leo et Ḥarasfosi sibi mortem attulerunt. Vespere, mulier et liberi et servi venerunt : leonem latere iacentem, Ḥarasfosi vero *sub parvo hoc cubili, abscisso ventre et *p. 29.
butyro cum melle quod biberat in terram eiecto, iacentem invenerunt. Eius uxor hydriam nec non magnam ollam attulit, ollam super cubile posuit, et igne sub ea incenso, butyrum et mel a viri sui quem leo occiderat ventre profusa in ollam infudit, quae igne defervefecit et liquando purgavit; et butyrum ut antea lactescens

[1] An a zār? zār maleficus daemon noctu vagans (caeteri autem apud flumina sedentem dicunt) est.

et mel purum facta sunt. Mulier ea in hydriam infudit, et duas replevit hydrias. Eius enim vir ei vivens dixerat : «Butyrum cum bibissem et mel, leo me interfecturus veniet; ego autem ipsum interfecturus : ambo vicissim nobis mortem adlaturi. Leo ventrem meum discindet, et butyrum et mel quae biberam in terram effundentur; ego vero guttur eius, brachiis et crurum flectionibus contextis, excidam. Tu equidem butyrum illud et mel collige, igne defervefac, liquando purga, in hydrias infunde, atque hebdomaden cum commorareris, hebdomade confecta, iterum defervefac, et tu, uxor mea, duodecimque liberi mei, potate. Postquam potaritis, tu sane leaena, omnium orbis terrarum mulierum regina fies, et mulieres omnes propter in earum terra famam et rumorem te venerabuntur, te videntes metu cum suis liberis morientur. Illi quidem liberi mei quasi leonis gnati evadent : vis super eos et terror erit; rex ipsos convocabit et videns e suo throno surget, et vultu sub eorum pedibus posito propter terrorem super eos considentem adorabit. Inde, eius consiliarii ei suadebunt dicentes : «Viris illis strenuissimis magnam auri argentique copiam mitte, purpureis vestibus et candidis *eos* exorna, equos veloces mulosque tolutarios, servos ancillasque, iuvencas et capras, oves, asinos et camelos dona *eis;* namque ipsi, si in castris commorabuntur, super te regnabunt. Quis enim ex terrae hominibus et ex copiis tuis, quibus «qui adstitit deiicite, qui se custodivit findite[1]» dicere soles, te, qui nuper subter eorum pedes temetipsum prostravisti, inde ab hoc tempore timebit?» — Post haec, verbis consiliariorum auditis, rex *liberos meos domum* magnis cum divitiis multos per annos sufficientibus mittet. Ipsi ad te cum gaudio et in pace

*p. 30. revertentur. Quibus reversis, * hic nec tu nec tui et mei liberi commoramini; sed, ossibus meis collectis, cum rebus vestris omnibusque aedium vestrarum suppellectilibus omnique pecore vestro ad terram Adal proficiscimini : illa enim terra haereditas vestra erit[2]. Ibi cum perveneris, illius terrae puellas filiis meis, alteri alteram, in matrimonium da; postea, pro viribus, decem vel viginti vel quinquaginta *uxores* ducent, haec enim Dei mei Sāṭnā'ēl est voluntas. Cum in matrimonium liberis puellas dederis, morieris : te mecum inhumabunt et caro tua cum carne mea commiscebitur.

[1] Dubia interpretatio, textus enim aethiopicus corruptus est. — [2] De Balaw post gentis, cui nomen est Adkamé Melgā, adventum e Sarāwē usque ad Adal migrantibus hic agitur.

Decem millia et myriades liberi nostri fient. Imperium eorum liberis eorumque liberorum liberis dabitur; ex eorum liberis eorumque liberorum liberis, alter rex fiet, alter fequrā dicetur, alter Ḥağ appellabitur, alter Turkuibāš fiet et alter super navem mercator et alter bānyā et alter nāyb[1] : per eorum liberos eorumque liberorum liberos, Ismaelis et Abrahami et Meḥemmad et Yemar et Bestyānos meorum patrum lex confirmabitur; islamiticorum, qui in Aegypto et in Aethiopia sunt, imperium eorum vi eorumque liberorum vi in aeternum stabit; et patrum meorum regiones, quae ʿAdal et Ber ʿArab [illegible] et Meṣwā et Aegyptum et Esṭenbul et Midiam et Ḥaqla Fārān sunt, eorum tempore eorumque liberorum tempore instaurabuntur.» — Haec enim Ḥarasfosi vivens uxori suae Adlākyā dixerat; quae verba cum perspecta haberet ..... et omnia quae uxori dixerat fuerunt, et uxori et eius liberis, ut dixerat, acciderunt... Atque, de hac appellatione, eremus tuus ex eius [Ḥarasfosi] habitatione appellatus et ʿAd Basā[2] dictus est.

Ad Kunā e monachorum ad coenobium invocationibus, qui dicent «manus estote contra adversarium nostrum», nomen accepit[3].

... Quae Ad Marā dicitur. Mercator islamicus magnis cum divitiis e terra Waflā et Dobā venit : huius mercatoris nomen Emār. Insulam, cui est nomen Meṣwā, attigit; omnia quae cupiebat et exoptabat emit, omnia quae cupiebat invenit, nec nave Ǧeddā atque e Ǧeddā terram Aegypti petere necesse fuit; omnia enim quae exoptaverat in hac insula Meṣwā, magna parvis et multa paucis et praestantiora malis cum *emeret*, invenit. Cum in insula illa Meṣwā esset, *Meṣwā incolae et incolae Ḥamāsēn contendere, et superius *p. 31. iter, mercatorum omnium iter, interclusum est. Longum eorum bellorum tempus fuit et circiter annos decem protractum : caritas insulam Meṣwā oppressit, mercatores enim *qui annonas afferrebant itinere* omnes se abstinebant. Emar autem, itinere quod veniendo fecerat intercluso, cum sociis suis mercatoribus, qui cum eo advenerant, consilium iniit : «E torrida regione, inquit, in regionem

[1] Fequrā (=فقرا sing. فقير) apud septentrionales Aethiopes religionis islamicae principes dicuntur; ḥağ qui ad Maḥammad sepulcrum peregrinatus est; bānyā mercator indicus (Indici enim mercatores magni in Aethiopia habentur), etc. — [2] Id est : ʿAd Anbasā «urbs leonis». — [3] Frag. brev., nº 23.

torridam eamus; nobis patria nostra itinere Serē petenda est!» — Socii eius consenserunt, uno agmine facto surrexerunt, hunc eremum attigerunt, sepimentum in centrali parte fecerunt, tentorium suum unusquisque posuit, ibi sex menses commorati sunt, elephantes in aestuosis apud eremum terris venantes, eorum cornuum causa quae ipsis, ad mare mercaturam agentibus, magnum lucrum darent. Multa elephantum cornua, circiter quingenta, collegerunt; nec omnia venando collegerunt, sed eis magnum erat venenum, quo, sine hastarum vulneribus, elephantum dentes tantummodo auferrent; cuius veneni vehementia elephantes omnes exurie perierunt. Ipsi vero multa elephantum cornua collegerunt. Ad hunc modum cum essent, pax inter mare et aridum fuit; superius iter, quod interclusum erat, patefactum; illi vero, de pace rumorem, in hoc eremo commorantes, auditu acceperunt. Atque omnes ab eorum domini nomine locum Ad Mar nominavere. Post haec, surrexere, superius iter fecere, ad patriam suam regressi sunt. Quapropter locus ʿAd Mar dictus est.

Marqorēwos e Guadāʿ ad Gadāma Barquāḥ, Ēwosṭātēwos videndi causa, ivit. Ēwosṭātēwos septem annos ibi mansit:

...cuius loci incolae mali erant, nec lex vel constitutio eis, sicut infidelibus, erat, nec festorum celebratio nec eremitarum amor, nec advenarum hospitalitas.

Marqorēwos in Gadāma Barquāḥ, magnis corporis afflictationibus, annos duos commoratus est; ipse diaconali munere fungebatur, ʿAmda Hāymānot communitatis oeconomus erat, Yāʿqob servorum magister, Taʾamānē Egziʾ precum magister (liqa ṣalot); Zamāryām denique cathedram Ēwosṭātēwos et Zaselus eius libros ferebant. Inter piissimos ecclesiam frequentantes Zakāryās et eius uxor Māryām Sennā, Abrehām et uxor Walatta Dāwit, Zagiyorgis et uxor Walatta Giyorgis memorantur. Apud Gadāma Barquāḫ prodigiosus erat fons, cui nomen Māya Ṣalot[1] erat.

[1] Omnes salutares fontes, qui apud ecclesias prodigiosi habentur, Māy Ṣalot dicuntur.

Tribus annis in Guadā῾, duobus in Barquāḥ actis, cum iam Ēwosṭātēwos septem annos in Barquāḥ fuisset et Marqorēwos suum secundum et septuagesimum annum ageret, Sayfa Ar῾ad Regis anno XII, die xxiv mensis ṭer, Marqorēwos cum Ēwosṭātēwos a Sarāwē profectus Hierosolymam ivit, in Iordani aquas ingressus est, in Aegyptum rediit, a patriarcha Beniamino benedictus Armeniam petiit, Ierichuntem attigit, Ierichuntis mare, octo et triginta diebus per aquas confectis, transiit et Armeniam attigit. Ēwosṭātēwos in Armenia mansit. Marqorēwos autem, ad terram Ag῾āzi reversus, ad urbem Maqarkā, «quae urbs in medio *provinciae* Ḥamāsēn est[1]», pervenit et benigne receptus est. Inde, e Maqarkā ad Dabra Demāḫ — «Dabra Demāḫ capitis coenobium interpretatur[2]» — ivit, et sibi speluncam, cui nomen erat Weṭuh, elegit.

Huius loci clivus erat infidelium ostium, qui Šānqellā dicuntur, liberi liberorum Chami, quorum regio Dubani est et quorum urbs dicta est Matako, qui si interficiunt non anguntur.

Apud speluncam, serpentem terribilem necavit : serpens omnia deserti animalia vorabat, quorum nomina, difficilia intellectu, sunt :

Sive bubalus, sive ῾arigā, sive asilā, vel tanisā, vel si῾ālā, vel dorcas, vel daspēdā, vel simia, vel onager(?), vel thos, vel daskano, vel [illegible], vel sus, vel pelecanus onocrotalus(?), vel kēraglyon.

Eius corpus latum est

*ad magnam speluncam, cui nomen est Ankokorā, templum infidelium, quod in infidelium terra qui serpentem illum colebant est. *p. 32.

Quo interfecto, ad videndum

[1] Frag. brev., n° 24. — [2] Frag. brev., n° 25.

gentes omnes, prope et procul, ex *orbis terrarum* quatuor angulis, ubi humana creatura invenitur, congregatae sunt; e Baqlā[1] usque ad hunc locum, a Kor Bāryā[2] usque hic. a terra Serē usque hic, a terra Dubani[3] usque hic, et a mari necnon a terra Torᶜā[4] usque hic.

De eius religione et miraculis rumor multos apud eum paenitentes et piissimos collegit,

... inter quos magni liberi eius (= Marqorēwos) et primi, qui ipsum in virtutibus agendis retulerunt : abbā Endreyās de Efun, abbā Endreyās de Beḥnunā, abbā Abrahām de ᶜAd Sarawāt, abbā Ḥeywat Bena (cuius monachale nomen Dāgma Iyemawet fuit) de Ḥeleleḥ, abbā Yesḥaq de ᶜAd Zewāb, abbā Semᶜon de Čaᶜāt, abbā Enṭonyos de Māy Leṣuy, abbā Mārmeḥnām scriba de ᶜAd Maʾamen, abbā Naʾamen Baʾegziʾ de Belālāḥ, abbā Dāgmāy (= alter) Garimā de Māy ᶜAyn, abbā Arkalēdes de Degē Deruy, abbā Besoy de Nādēr, abbā Nāfer de Aqotāb, abbā Yostinos de ᶜAdagualbo... et coenobii domum longam et latam, amplam et pulchram, cubitos triginta longam, cubitos tres et decem, dodrantem, digitos duos et dimidium latam, condiderunt; ad coenobii domum, mapalia, unusquisque suum, quae frugum custodum casis similia erant, fecerunt... ecclesiam autem pulchram et iucundam, magnam et latam, fundationis praestantiae causa ecclesiae Agyā Sofyā, quam Constantinus Rex orthodoxus condiderat, similem condiderunt, Ḥamāsēn praefectis et Sarāwē praefectis, qui patris nostri Marqorēwos, eorum patris, preci fidebant, adiuvantibus. Pater noster Marqorēwos Sionis tabernaculum, quod ex abbā Beniamini, Alexandrini patriarchae, manibus, temporibus eius e terra Armeniae reditus, acceptum pater eius (= Ēwostātēwos) ei dederat, in ecclesia illa posuit, et die xxv *mensis* sanē, qui est ipsius ecclesiae sanctificationis festus, sanctificavit. Pater noster Marqorēwos mulieres multas ad vitam monasticam admisit; congregationis numerus hominum MD, mulierum vero monacharum D fuit. Et pater noster Marqorēwos virorum sedem a mulie-
*p. 33. rum sede distinxit; mulierum sedem *Zebān Asḥitā, virorum sedem Dabra Demāḥ elegit. Mulieribus ecclesiam pulchram condidit, qua sancti Michaelis tabernaculum immisit. Pater noster Marqorēwos

[1] Id est : e Septentrione. — [2] Id est : ab Austro versus orientem. — [3] Id est : ab Occasu. — [4] Id est : a Septentrione versus orientem.

autem e loco ad locum pererrabat, discipulos suos suasque filias explorabat, eos canonum leges quasi legem constitutionemque suam docebat, ut ipsos ipsasque corroboraret. Cum eos docuisset, ad tranquillitatis suae locum revertebatur. Dormiendi tempore, in stagnum, cui est nomen Degub ʿAbbāy, inibat, amicto et tunica et sabano et cucullo et cingulo et cilicio et corio suo *indutus* ingrediebatur, atque precibus et lacrymis, supplicationibus et gemitibus magnis et nimium misericordiam intercedendo morabatur.

Aquae, quae apud coenobium invenitur et cui nomen est Degub ʿAbbāy, benedixit magnamque salutarem virtutem dedit.

Cum annum suum nonum et octogesimum ageret, Regis Sayfa Arʿad anno XIX, iterum Armeniam ad Ēwosṭātēwos videndum petiit. Reversus, corruptum coenobium suum Dabra Demāẖ invenit, quod magnis et rigidis reprehensionibus emendavit.

Cum discipuli nimium increscerent, refugium novum, quod a Dabra Demāẖ unius diei itinere aberat, sibi elegit

in aestuosa regione cui est nomen Dambalās : eius recessus nomen Muḥaṭ ʿAbbāy est, ceteri autem rerum historicarum scriptores Māy Moni appellant.

Cotidie vero Dabra Demāẖ visitabat.

Cum autem septimum et octogesimum annum ageret, Regis Sayfa Arʿad anno XXV, tertio Armeniam petiit, namque Ēwosṭātēwos morti proximus erat : eo defuncto, ei in Mārmeḥnām ecclesia sepulcrum dedit. In Aethiopiam redux, fratrem suum Absādi diem obiisse invenit, et ad eius sepulcrum peregrinatus est[1];

Nos ambo enim patris nostri Absādi discipuli et patris nostri Marqorēwos discipuli, unius fidei, unius cuculli sumus; cucullum

[1] Hic in compendio nota est : «dal f. 272 rilevasi il Gadla Absâdi essere stato composto anterioramente al Gadla Ewosṭātēwos».

nostrum est patris nostri Ēwosṭātēwos cucullum, et civitas nostra Alexandria, non terra Romae est.

E Dabrā Demāḥ ad urbem ʿAd Saguāgui ivit, et ibi corpus cum adfligeret commoratus est. In ʿAd Saguāgui coenobium condidit; monachali veste abbā Garima de ʿAd Saguāgui qui sibi nomen imposuit Bakuera Marqorēwos, abbā Krestos Bēzāna de Gadāma Marab, abbā Yekuno Amlāk de ʿAd Ḥenqert, abbā Ṣawana Egzi' de Māy Ṣaʿādā, Faqāda Egzi' de ʿEgalā, abbā Yesḥaq de Maratā, abbā Leʿul Harayo de terra Oʿo induit. Tunc erat ei Habta Egzi' discipulus.

Decimum autem post annum, cum septimum et nonagesimum annum ageret, Regis Weden Asfarē anno VI, ex ʿAd Saguāgui ad Kuedo Falāsi migravit, quo speluncam sibi elegit. Cum multi ad eum monachale munus petentes convenissent, coenobium condidit.

Et pater noster Marqorēwos in solitudine, cui nomen est Barbar Zagi, monachorum, suorum liberorum, mapalia condidit; huius solitudinis a tergo praecipitium magnum, a fronte, si clivum descendunt, locus patens est.

Demhoy cum uxore AwqāfaD engel quattuor annos ecclesiam in Barbar Zagi frequentavit; quapropter, filium eius Habana Marqorēwos, qui fulmine ictus erat, pater noster Marqorēwos ad vitam revocavit.

Caput. — Post patris nostri Marqorēwos mortem, conventus valde eius foederis vi crevit. Multos dies sancta agendo *ibi discipuli eius* commorati sunt. Magistri magni, ex eis qui lanae et coccini vestes, quae sericae lacernae sunt, induunt et mulis insidunt, e conventu illo egrediebantur, quorum numerus tunc LXI [illegible] tunc XC erat. Praefectus autem, cui erat nomen Deruy, eis invidit, ipsos fraude congregavit et : « Agite, inquit, omnes, magistri et qui sub vobis sunt fratres, gnati mei sponsae benedicite! » Ipsi vero eius fraudem non perceperunt. Laeto corde profecti sunt; et praefectus eis, cum
*p. 34. pervenissent, janua *patefacta, in umbraculum magnum, circiter

cubitos C longum et L latum, introduxit : monachi umbraculum repleruut. Inde familiaribus suis «ianuam claudite!» iussit, et pessulo clauserunt et imperata executi sunt. Post haec monachis magnam epularum potusque copiam dedit; et comederunt et biberunt. Inde, fortibus suis «ne unus quidem, inquit, raptim se vobis auferat cavete; unus si evaserit, vos pro eo eritis!» *Sicarii* contra monachos surrexerunt, ipsos gladio et hasta, ense et arcu necaverunt, ut liber ait[1] «namque propter te nos omnibus diebus interficient, ac sumus veluti oves quas mactant». Interfectorum numerus ex magnis, qui sacerdotale munus acceperant vel non, LXV. Eo tempore, magister abba ʿEnqua Marqorēwos erat; ipse, sicut pastor bonus, qui animam suam pro suis ovibus praebet, priusquam ceteri interfectus est. Monachorum autem, qui interfecti sunt, numerus CXXV. Et manu illius impii, cui erat nomen Deruy, qui Diocletianus alter fuit et Maximini socius, diaboli filius et Didiani frater, Herodis famulus et Decio proximus, Ṣiruṣāydān pravorum amantis, quinque Macabaeorum percussoris, similis, martyres fuere...

Post haec coenobium illud depopulatum est et desertum evasit : communitate vero dispersa, fratres quasi salis semen et odorifera aqua fuere. Ille autem scelestus in oppido suo, cui erat nomen Kuedo Falāsi — cuius nominis interpretatio Monachi Mons est, Kuedo enim aethiopico eloquio mons est — mansit. Multos post dies, magistratui illi, cui erat nomen Diruy, dixerunt : «Pater noster Marqorēwos te puniet filiorumque suorum monachorum cladem in te ulciscetur.» Haec cum homines Dei amantes ei dixissent, pavit ille et patris nostri Marqorēwos cathedram et metallicam pelvim quas abstulerat multaque alia ad eius coenobium Dabra Demāḫ[2] misit, dicens : «Patres mei, miseremini mei, et pro me patrem nostrum Marqorēwos precibus orate ut peccata mea remittat neque liberorum suorum monachorum cladem in me ulciscatur.» Post haec, quae miserat grata acceperunt : cathedra vero et metallica pelvis adhuc adsunt. Sed eius *Deruy* liberi et liberorum liberi benedictione caruere, et ex ipsis ne unus quidem patris locum suscepit et pro eo munus accepit...

Deinde (i.e. post coenobium in Barbar Zagi ad Kuedo Falāsi conditum) pater noster Marqorēwos, cum annum unum et centesimum

[1] *Ps.* XLIII, 22; cf. *Rom.*, VIII, 36. — [2] At Deruy temporibus Dabra Demāḫ dirutum et desertum erat.

p. 35. ageret, *Regis nostri Dāwit II, filii Sayfa Arᶜad, imperii anno I, e suo coenobio, cui erat nomen Barbar Zagi, quod in regione cui est nomen Kuedo Falāsi est, surrexit, coenobium suum Dabra Demāḫ petiit et liberos suos salutavit : ipsi vero spiritali salutatione eum salutavere.

Ad Dabra Demāḫ reversus, inter Dabra Maseľ, Guedeb ᶜAbbāy et Weṭuh pererrabat. Eo tempore, nubi insidens, duodecies Hierosolymam ivit. Postremo, cum in Christi sepulcro, cum economo imperatoris Aegypti, cui nomen erat Esṭenbul, esset, islamicum ᶜAbdallā sanctorum librorum voce expugnavit, et, coram praefecto cui erat nomen Besṭyānos et coram militibus, ad christianam fidem reduxit : ᶜAbdallā, nomine ᶜAbdel Masiḥ, id est Gabra Krestos, sibi imposito, baptismum accepit. Quibus actis, Marqorēwos ad Dabra Demāḫ reversus est, discipulos suos edocendi causa.

Et de patris nostri Marqorēwos virtute et facinoribus rumor in universis Aethiopiae terris usque ad terram Šawā acceptus auribus est. Et Dāwit Rex, filius Sayfa Arᶜad, qui eo tempore imperabat, de eius virtute et facinoribus rumorem auditu accepit. Patris nostri benedictio nobiscum sit. Amen.

In nomine Patris et Filii et Spiritus Sancti, unius Dei : Domini auxilio scribemus historiam [illegible] legatione Dāwit Regis nostri et patris nostri Marqorēwos.

Audita Marqorēwos fama, Dāwit pium quendam hominem e sectatoribus suis cui erat nomen Walda Egzi', cui arcana sua proferebat et quem ad anachoretas suos dilectos sanctosque patres suos deprecationibus et precibus imperium suum tuentes mittere solebat, ad eum misit. *Walda Egzi'* ex urbe, cui erat nomen Ērar, surrexit et in provincia cui erat nomen Malzo pernoctavit. Hominum qui ipsum sequebantur numerus quinquaginta erat, quorum decem mulis insidebant, decem servi enses sumpserant et triginta erant clypeati, praeter ceteros viaticum ferentes et mulieres hydromeli ferentes et pistores panificas et aromatum conditrices et coquas et mulos et equos et asinos et servos qui vespere gramen in loco quo noctem acturi erant metebant; ille enim Regi proximus et de praefectis unus erat : in urbe autem celeres quingentos et quingentos pedites se comitari iubebat, itineris tempore vero suorum militum plurimos domi reliquerat et cum paucis quos enumeravimus egressus erat. Terram Amḥarā attigit ibique feriatus est : duos a principe viae praemonstratores, qui ei viam usque ad terram Lāstā praemonstrarent, accepit, quos *cum terram Lāstā attigisset* ad eorum terram, terram Amḥarā, demisit. In terra Lāstā mensem commoratus est. *Terrae* Lāstā princeps eum magno honore excepit, eius enim recensor *Walda Egzi'* erat, qui Regi *terrae* Lāstā tributa tradebat, atque ille *terrae* Lāstā princeps, cum terram Šawā petiret, eius domum ingrediebatur et cum eo comedens et potans, *omnium *p. 36. praeter uxorem particeps usque ad muneris diem commorabatur, namque amici erant certi non fortuito. Qua causa, magno cum honore gaudioque eum excepit, et cum eo usque ad terram Tegrē progressus est et *provinciam* Wāǧerāt attigit; tunc domum suam regressus est. *Walda Egzi'* a Wāǧerāt ad Ḥenṭālo processit : Baʿāl Gādā ei praemonstratorem dedit, qui eum usque ad Sere adduxit; et *provinciae* Serē praefectus praemonstratorem ei dedit. Ille Marab flumen transiit, Māy Ṣaʿadā *provinciam* attigit et diu ibi commoratus est. Atque e Māy Ṣaʿadā surrexit et Kuedo Falāsi attigit : *provinciae* Sarāwē centurio ei praemonstratorem dedit qui ad Dabra Demāḫ eum adduxit. Regis missum discipuli ad communitatis domum duxerunt; mulieres vero *quae e Šawā venerant* ad Zebān Asḥitā, monacharum septum, transgressae sunt, ipsisque antistita aedes quibus solae fruerentur dedit. Ille regis missus, cui erat nomen Walda Egzi', ad patrem nostrum Marqorēwos ingressus est, cum patre nostro Marqorēwos convenit, et omnia quae Rex, eius dominus, dixerat retulit : «Pater, in tuis precibus noli oblivisci mei», et dixerat : «Tu animae meae pignus fies, et ego tibi liber ero et quae mihi dixeris omnia tibi faciam». Hac Regis legatione audita, pater noster humili voce : «Ego autem, inquit, peccator et improbus, nec quae mihi Rex noster Dāwit, Davidis antiqui alter, dixit «in precibus tuis noli mei oblivisci», eis sum dignus; Regem enim vox glorificans decet». Quapropter, multorum verba, unus cum esset, pater noster Marqorēwos misso retulit, ut liber Danielis ait : «Vobis Rex dicit : sed Dominus longum eius tempus faciat, et eius hostes remotos et proximos submittat!» Quam benedictionem cum pater noster Marqorēwos dixisset, quae ante speluncam suam saxa erant et ligna humana voce dixerunt : «Amen, amen : sit! sit! et benedictionis tuae munus Regem nostrum Dāwit attingat, namque nec antea fuit nec postea Rex ei animi pulchritudine similis erit.» Quibus dictis, saxa et ligna conticuere. Audiens, Regis missus magno stupore perculsus est, atque horam meditatus est; inde respondit, et : «Pater, inquit, ut miraculorum tuorum famam in mea civitate auribus acceperam, sic vero nunc, praesens, oculis meis vidi : Dominum, qui ut tecum convenirem fecit vultumque tuum mihi monstravit vocemque tuam ut audirem fecit, laudo. Benedicti qui benedictionis tuae vocem audiunt liberi tui; et beati qui tuo iussu sunt *p. 37. discipuli; et magno aestimandi qui apud te sunt profani; *namque precibus tuis et sancto tuo coenobio, quod a pedum tuorum pulvere sanctum est factum, custodiuntur! Beatus qui te portavit venter; et beata quae te lactaverunt ubera!» His beatificationis vocibus Regis nostri Dāwit missus beatum patrem nostrum Marqorēwos praedicavit, qui coram eo miraculum patraverat cum ligna et saxa humano eloquio sicuti Hosiannae lapides, loquendi facultate praedita, collocuta erant. Parvum vere patri nostro Marqorēwos miraculum hoc fuit, namque maiora et praestantiora plane ipse fecit; Regis autem missus hoc maximum putavit. Post haec, Regis missus mensem in patris nostri Marqorēwos coenobio commoratus est, et quatuor tentoria, aliud conviviis idoneum, aliud habitaculo [illegible] [quo] sui cubicularii essent, aliud propinquis et militibus, aliud hospitibus qui salutationis causa veniebant apud ecclesiam erexit. Omnes *provinciarum* Ḥamāsēn et Sarāwē incolae ei oves et iuvencas et capras, argentum et vestes ferebant, quae omnia *missus* communitati ad edendum et bibendum dabat. Cotidie mane et vespere famuli eius a monacharum septo veniebant; mulieres autem ancillae eius non veniebant, namque in hoc patris nostri Marqorēwos coenobio secundum Patrum sanctorum iussa non admittebantur. Cotidie mane, hic Regis missus mirabatur; cum mensem enim commoraretur nulla die facinus aliquod magnum non videbat. Post haec, Regis missus abeundi veniam a patre nostro Marqorēwos petiit, atque pater noster Marqorēwos ei benedixit et ad Regem remisit. Eius benedictio nobiscum in sempiternum sit, Amen.

Caput. — Post haec, patris nostri Marqorēwos vitae anno cviii, et Regis nostri Dāwit imperii anno VIII, *Walda Egzi'* surrexit, qua venerat via *usus* rediit et ad dominum suum, Regem nostrum Dāwit venit, cui patris nostri Marqorēwos verba exposuit, miracula etiam quae coram ipso ad speluncam fecerat enarravit et :

«Cum imperio tuo, inquit, o mi domine, Rex, benedixisset, saxa et ligna humano eloquio dixere «Amen et amen, sicut dixisti, o pater noster Marqorēwos, fiat et fiat!» — et omnia quae *Marqorēwos* coram eo fecerat facinora, mensem enim cum eo commoratus erat, retulit. Patris nostri Marqorēwos miraculorum historiam cum audisset, Rex noster admiratione perculsus est, et : «Vere monachus, inquit, ille est. Utinam Domini misericordia ut cum eo conveniam faciat et eius vultum necnon benedictionem mihi ostendat! utinam eius prodigiorum vim videam et eius iustitiae solatio permulcer! utinam eius gratia me inveniat et *eius auxilii benefi- *p. 38. cium me attingat!» — A diebus illis et ab illa hora Regis nostri Dāwit animus cum patris nostri Marqorēwos animo, et patris nostri Marqorēwos animus cum Regis nostri Dāwit animo vinctus est, ut Davidis animus cum animo Ionathani et Ionathani animus cum Davidis animo vinctus est.

Hoc tempore, infidelis quidam cui erat nomen Sa'aladin, filius Ḥaqladin, in terra ʿAdal surrexit et Regi nostro Dāwit, Regis nostri Sayfa Arʿad filio, adversatus est. Rex regios milites multos innumerasque copias misit : probrose se gessere[1]. Dāwit Rex, copias suas profligatas ac turpiter redeuntes cum videret, magno dolore affectus animo de agendo fluctuabat : Domino autem et patris nostri Marqorēwos precibus semetipsum commisit; nec spes eius fefellit, sicuti infidelium reges Deo et monacho intercessore carentes. Post haec, magistratum quendam, cui erat nomen Del Sagad, ad patrem nostrum Marqorēwos, erga quem amore animus suus vinctus erat, misit dicens : «Sa'aladin, filii Ḥaqladin, probra aspice, quaeso; eius etiam odium et blasphemias in imperium quod nobis Dominus ut mundum corrigamus commisit, nosce! Quid tibi, o mi pater Marqorēwos, de afflictione dicam quae me invenit et de sollicitudine, huius infidelis Sa'aladin causa Sennacheribo Ninivis regi similis, qui Dominum, Deum tuum, temporibus Hizchiae Iudaeorum regis, patris mei, probro affecit? sed meum dolorem tuae preces minuent; pro me intercede, quaeso; pro copiis meis precare, pro meo imperio et diademate et throno gratiam pete : silere, o pater Domino indute, noli; namque tu, pater, sicut Isaias Amosi filius es, propter cuius preces Domini Angelus uno die centum octoginta quinque milia militum Sennacheribi percussit; ego vero ut Hiz-

[1] Textus autem corruptus videtur.

chias, Acas filius, Iudaeorum rex sum, et calamitas mea est sicuti eius calamitas et nuntius meus sicuti eius nuntius.» — Magistratus Del Sagad, Regis nostri Dāwit missus, ad patrem nostrum Marqorēwos pervenit, de Regis dolore nuntium dixit et de eius fletu epistulam ostendit. Eius nuntii verba cum audisset et de eius fletu epistulam cum vidisset, pater noster Marqorēwos dolore affectus *p. 39. est. Et huic Regis misso Del Sagad veniam abeundi dedit, *dicens: «Haec domino nostro, Regi, refer: «Metuere noli, namque tibi Dominus auxilium dabit et Sa'aladin adversarium tuum in manus tuas occludet.» — Regis missus Del Sagad, regressus, ad Regem pervenit et ei quae pater noster Marqorēwos dixerat retulit, qua causa Rex laetatus est et in patris nostri Marqorēwos precibus, Dei, sui Domini, vi, spem posuit. Patris nostri Marqorēwos benedictio nobiscum sit in sempiternum, Amen.

Caput. — Post haec, pater noster Marqorēwos, in cellam suam ingressus, pro Rege Dāwit, filio Sayfa Arʿad, oravit... Cum suae precis verba, magno cordis fervore et incensarum lacrimarum effusione, multiplicavisset, sicuti vocem e caelo auribus percepit quae dicebat: — «Ecce, precem tuam audivi, lacrimas tuas recepi; nunc vero Sa'aladin infidelem, filium Ḥaqladin inimici, in Dāwit Regis christiani manus reducturus sum, ut tu, Marqorēwos, mi serve, dixisti; filium tuum Mārmeḥnām ad Regem mitte!» — Hac laetitiae et victoriae voce percepta, pater noster Marqorēwos Domino, suo Deo, qui hanc ut audiret iubili et victoriae vocem fecerat, se prostravit; e sua cella egressus, quam e caelo de Regis victoria et de Sa'aladin clade vocem acceperat liberis suis retulit, quae cum audissent liberi eius, gaudio affecti, Dominum magnificavere. — Eius benedictio cum nobis omnibus in sempiternum sit, Amen.

Caput. — Patris nostri Marqorēwos ad Dāwit Regem, Sayfa Arʿad filium, nuntii historiam scribemus.

Anno eius vitae cxv, et Regis nostri Dāwit, filii Sayfa Arʿad, imperii anno XII, *Marqorēwos* Mārmeḥnām liberum suum, cuius agendi ratio praestans et fides orthodoxa et vox pulchra et humilitas perfecta erat, qui omnibus viis continens et sicut Lucas prudens erat, et sapiens qui Petri et Pauli eius magistrorum historiam scripserat, cum fratribus suis duobus, quibus erat nomen Fāsiladas et Besoy, *ad Regem* misit. Inde, pater noster Marqorēwos libero suo Mārmeḥnām: «Euge, inquit; cum Rege colloquere: Dominus adversarium tuum in tuas manus reduxit, dicens. Si vero tibi Rex:

Quomodo Dominum in manus meas meum hostem reduxisse pernoscam? dixerit; tu : Dominae nostrae Mariae effigiem adferri iube, ipsaque humano eloquio usa tibi enarratura est, dices.» — Mārmeḥnām patri nostro Marqorēwos abeundi veniam petiit et egressus est; tres ipsi, *Domini potentia conducente et patris nostri *p. 40.
Marqorēwos precibus eos veluti pupillam tuentibus, profecti sunt et ad Regem pervenerunt. Mārmeḥnām ad eum ingressus se prostravit, coram Rege stetit et omnia quae ei pater noster Marqorēwos dixerat retulit. Rex autem : «Quomodo, inquit, quae dixisti futura esse pernoscam? Mihi vero dubium de patris nostri Marqorēwos voce non est.» — Abbā Mārmeḥnām ei : «Salvationis effigiem adferri iube, ipsa quae tibi pater noster Marqorēwos dixit enarratura est.» — Rex e superiore contignatione, quae ad throni sui caput erat, Salvationis effigiem, aureo calamo pictam, omnibus aptis calamis exornatam, visu pulcherrimam, quae carne induta videbatur, deduxit; cui pater noster Mārmeḥnām : «Ut tibi, inquit, pater noster Marqorēwos, servus tuus, dixit, Regi *de victoria* enarra, quaeso; ut ope tua eius vocis iustitia demonstretur.» — Effigies Regem exaudivit et : «Vera, inquit, Marqorēwos, dilectus meus et meo Filio dilectus, dixit, mendacium a suis verbis abest. Quinta feria, die XVII mensis ṭer, Sa'aladin merum multum potabit et *se* inebriabit [illegible] cum copiis tuis et eius equus Asbāb[1], hydromeli odorato, inter fortes tuos eum adferet : tui fortes autem Sa'aladin interficient, eius caput abscindent et tibi mittent. Hodie vero dies a mensis ṭer initio XIV : die XIX eius cladis rumorem audies, die XXVIII caput eius ad te adferent. Marqorēwos, cui Filius meus benedixit, verba pro mendacio habere noli.» — Inde effigies illa siluit. Hoc magno nuntio ex imaginis ore percepto, Rex et praefecti et omnes copiae mirati sunt valde et dixerunt : «Tantum miraculum nec diebus nostris vidimus nec a patribus nostris auditu accepimus.» — Post haec, *Mārmeḥnām* fratres, monachi, ingressi sunt, se prostravere, et coram Rege adstiterunt; Rex enim eis : «Sistite!» dixerat, et steterunt. Inde surrexerunt et Regi benedixere; pater noster vero Mārmeḥnām precem oravit et dixit : «Pater noster qui es in caelis» *et cetera,* dicite» quam post precem, remissionem et solatium Regi dedit. Postea, ab eius conspectu egressis, Regis servi pulcherrima hospitia in *domus regiae*

[1] Textus dubius vel corruptus videtur. Asbāb vero «excubiae» interpretatur.

penetralibus, ad Regis uxoris aedes cui erat nomen Dengel Ṣawanā, dederunt.

Postea, quae effigies et pater noster Marqorēwos dixerant omnia accidere. Regis copiae, magna vi peracta, haereticis interfectis, ne uno quidem in vita relicto, victoria consecuta, regressae magno cum gaudio sunt : urbs universa eorum vocibus contremuit et *p. 41. *urbis incolae omnes egressi, tympanis et bucinarum sonitu et citharis et cornibus et nablis et iucundis epiniciis, redeuntes acceperunt, et gaudium magnum die illa fuit. Rex vero super magnum aureum thronum *a redeuntibus* inventus est. Duobus aureis uraniscis ad Regis dexteram et sinistram in ampla platea, quam glarea repleverat ad lacus litora qui in regia domo erat, erectis; quattuor magnis ianuis, quibus erant nomina Kuālhibar et Ṭārasembā et Ǧān Takal et Abun Bar, patefactis; milites omnes, pedites et celeres, sagittarii et ballistarii, trophaea ad Regem proiecturi ingressi sunt; trophaea unusquisque singillatim proiecit et Sạ'aladin caput, qui Goliath alter, contra Dāwit II, filium Sayfa Arʿad, cervicem suam extulerat, tulerunt. Dāwit vero cum eius caput recisum et ante se proiectum vidisset, magno gaudio affectus haec cecinit :

Marqorēwos, praestantium facinorum auctor,
Sa'aladin, regem Adal, interfecit.
Ejus manus clypeo *usus, quod est* Crux,
Et eius hasta, *quae sunt* verba Evangelii,
Et eius gladio, *quae sunt* preces potestatem dantes et habentes,
Et eius vi, *quae* est Excelsi Patris vox.

[illegible] vis.

Post haec, Rex Dāwit militibus suis dixit :

In [illegible] et praestanti Marqorēwos deprecatoris fidere,
Dāwit et Marqorēwos est persuasio,
Dāwit et Marqorēwos est salvatio,
Dāwit et Marqorēwos est bellum.

Milites omnes, sicuti [illegible] eis Rex dixerat dicentes, magnum plausum dederunt; et magnus clamor et ovatio iucunda cum [illegible], peditum libationibus, equitum ludis fuerunt. Quibus epiniciis tres dies, usque ad mensis yakātit initium, commorati sunt. Deinde Rex, patre nostro Mārmeḥnām appellato, ei : « Ad patrem nostrum Marqorēwos, inquit, perge, gaudiumque meum totum enarra: duo illi fratres tui mecum, quoad Dominus voluntatem suam perficiat, maneant.» — Post haec, *provinciae* Sarāwē praefectum, *cui erat *p. 42. nomen Dabāsina Egzi', appellavit et ei : «Dic mihi, inquit, quale patris nostri coenobium et qualis nostra coenobii terra; utrum aestuosa an frigore recreata sit, et an circum urbes multae sint.» — Et Dabāsina Egzi' ei dixit : «Sane, aestuosa regio est, et multae circum coenobium sunt urbes.» — Tunc Rex : «Urbes illas aestuosas et frigore recreatas descriptas mihi trade!» Dabāsina Egzi', urbibus descriptis, secundum Regis iussa, *libellum* ei tradidit quod Rex Ǧawār eius domi arcario commisit dicens : «Tutum ac securum redde!» — Pater noster Mārmeḥnām ad patrem nostrum Marqorēwos pervenit et quae Rex ei mandaverat omnia retulit. Pater noster Marqorēwos ei dixit : «Pulcherrima vero Dominus, Davidis eius patris Deus, pro Rege egit.» — Eius benedictio nobiscum in sempiternum sit, Amen.

Caput. — De Regis nostri Dāwit cum patre nostro Marqorēwos in terra Sarāwē conventus causis scribemus.

Alexandrini Patriarchae litterae advenere dicentes : «Magnis afficior iniuriis; iniuriae meae innumerabiles vero et immanes : nec unus iniurias patior, sed et metropolitae omnes et episcopi et ecclesiae et fideles universi christiani ab Aegyptiorum tyranni manibus vexantur. Ipse foedus quod pater meus Beniaminus cum eius patre Emar, filio Aṣ, iuramento firmaverat, rupit. Sed te adstante non opprimar. Ad me cum copiis tuis veni, quaeso, de equorum et mulorum unguibus tristari noli! salvum me ex Aegyptiorum tyranni manibus fac!» — Patriarchae litteris lectis, Rex noster Dāwit, magno dolore affectus, copias suas congregavit, surrexit, ad terram Sarāwē pervenit, terram Ḥamāsēn attigit. Cum in terra Ḥamāsēn esset, patrem nostrum Marqorēwos appellavit. Pater noster Marqorēwos cum liberis suis ivit et cum Rege congressus est. Rex laetatus : «Dominus benedicatur, inquit, qui mihi vultum tuum ostendit!» Et eius corporis exilitate et vocis tenuitate percepta (totus enim fame et siti, prostrationibus et genuflectionibus, vigiliis et consistendo magnis miserationibus consumptus erat, ut umbra videretur et phantasma, atque speciei rubor mutatus et quasi fuligo esset) [illegible] et *Rex* ei dixit : «O pater, an homo non es? nonne aliquantulum panis delibabis [illegible] paximatium unum siccum vel panis dimidium vel panis [illegible] quadrans non manet?» — Et ei pater noster Marqorēwos : «Multa vero edo *p. 43. [illegible], sed macilentiam meam Satanas *bonarum rerum osor fecit et [illegible] in oculo tuo, qui omnes adflictos perspicit, me satiari [illegible] frustra in tua lingua, o mi domine, o Rex.» — Et Rex noster Dāwit ei : «[illegible] Edepol, haec humilia tua verba te monachum verum demonstrant.» — Post haec, Rex patri nostro Marqorēwos dixit : «Usque redeam, hic mane.» — Et ei : «Pulcherrime, inquit, praestolaturus voci tuae parebo.» — Rex magna cum vi surrexit, nec imperii sui copiis numerus erat, namque mirabilis erat rex.

Scribemus igitur quae e patribus nostris antiquis de Regis nostri Dāwit copiarum magnitudine accepimus. Historiographi sescenta milia celerum in eius castris, praeter eius praefectorum magistratuumque optimatumque celeres, fuisse tradunt. Cicera et lentes, iterum, quo primi agminis praefectus castra fecerat sata, germinavisse, pullulavisse, spicas emisisse; antequam extremum agmen adveniret maturavisse; extremum agmen vero spicas — messis tertio mense quam satum est venit — comedisse, fructus messuisse; nec Regis nostri Dāwit copias unquam iter intermisisse nec milites intervallo a militibus, duces a ducibus disiunctos esse : haec dicentes rerum historicarum scriptores in Maṣḥafa nobiyāt invenimus.

Rex noster Dāwit usque ad terram Sennār pervenit. Eius adventus rumore audito, Aegyptiorum tyrannus metu perculsus est, et mundus universus nimis ipsi angustus fuit; magnis efflagitationibus pacem cum patriarcha pepigit. Patriarcha litteras cum Iesu cruce misit, dicens : «Ad terram tuam sedate revertere, pacem enim pepigi : benedicat Dominus regno tuo; copias tuas augeat; thronum tuum in generationes generationum confirmet; ius regis, regum filii, tibi servet; hostes tuos submittat et longiores dies tuos faciat!» — Patriarchae epistulam cum vidisset, Rex noster Dāwit, pacis causa quam cum Aegyptiorum tyranno pepigerat gavisus, Iesus cruce a patriarchae missis recepta, placide regressus est, terram Ḥamāsēn attigit, cum patre nostro Marqorēwos convenit et de Domini magnitudine collocuti sunt. Et Rex patri nostro Marqorēwos dixit : «O pater Marqorēwos, mihi negare noli! res enim, de qua tibi supplicaturus sum, mihi est.» — Pater noster Marqorēwos ei : «Sicuti dixisti, o mi domine, o Rex, fiat.» — Et Rex ei : «Civitates et terras, ut filiis liberisque tuis sint et propter comme-
*p. 44. morationem meam in sempiternum; *ut sacrificium et sacramentum altaris celebrent et ut *disciputi tui* supplicationes precesque

faciant, e me accipe, quaeso!» — His e Regis voce auditis, pater noster Marqorēwos magna cum ira surrexit; Rex autem, cum e throno suo surrexisset, magnis efflagitationibus sistere fecit, precibus supplicationibusque ei suasit, atque propter patris nostri Marqorēwos adsensum laetatus est. Eius preces et benedictio nobiscum sint, Amen.

In nomine Patris et Filii et Spiritus Sancti, unius Dei. Scribemus historiam acceptionis civitatum terrarumque patris nostri Marqorēwos a Regis nostri Dāwit manibus, qui tunc e terra Sennār redux erat, Iesu cruce e patriarchae missis recepta, cum ei patriarcha pacem cum Aegyptiorum tyranno peractam nuntiasset et quiete ad terram eius regredi iussisset. — Rex vero Ǧawār suae domi arcario dixit : «Mihi libellum quod tibi commisi adfer!» — Arcarius secundum Regis iussum libellum attulit; et Rex, Sarāwē praefecto Dabāsina Egzi' appellato, coram eo civitates illas, quarum numerus quinque et octoginta erat, legit. Civitates illas Rex noster Dāwit patri nostri Marqorēwos donavit dicens : «Tibi liberisque tuis in sempiternum sint!» — Iterum ei dixit : «*Earum terrarum* fines ignis, centralis autem pars viridarium pro te sunto!» — Imperii bucinatores misit; qui, a finibus ad fines peregrinantes, terras bucinarum sonitu circumvenerunt, et tertiam post hebdomadem regressi sunt. Deinde, Rex noster Dāwit domum suam, patris nostri Marqorēwos benedictione suscepta, rediit, et pater noster Marqorēwos in coenobium suum, Dabra Demāḫ, ingressus est. Eius preces et benedictio cum nobis omnibus sint.

Caput. — Scribemus igitur civitatum numerum, quas Rex noster Dāwit, filius Sayfa Ar'ad, patri nostri Marqorēwos, qui Dabra Demāḫ *coenobii* sol est, dedit.

1. Dabra Demāḫ. — 2. Anqaṣo. — 3. 'Ad Sabe'a Sẹrē. — 4. 'Ad Kāhsu. — 5. 'Ad Čandog. — 6. Guadā'. — 7. Māy Leṣuy. — 8. Ambā Gudād. — 9. 'Ad Abbazā. — 10. 'Ad Ṣanfā.

11. 'Ad Zarbiēn.
12. 'Ad Warāsi.
13. 'Ad Sāmrā.
14. 'Ad Daqq Bāryā.
15. 'Ad Ma'amen.
16. 'Ad Daqq Mašo.
17. 'Ad Gabā.
18. Māy Agām.
Id est, 'Ad Rafāy [1].
19. Danbalās.
20. Māy Moni.
21. Māy Daguālē.

[1] In ms. a posteriore manu haec adiecta videbantur

*p. 45. 22. *Gāq.
'Ad Libān, Zebān Samā'etāt, usque ad Dubani[1].
23. Aguāle'e.
'Ad Ṣaṣar[1].
24. Dālek.
'Ad Bāri[1].
25. 'Ad Tamānāy.
'Ad Aṭāl[1].
26. Ad Homar.
'Ad Mānā[1].
27. Ayṣagabnā.
Ṣa'ādā 'Addi[1].
28. [illegible] usque ad Dubani.
'Ad Fenne'[1].
29. Māy Ḥaris.
30. 'Ad Waylay.
31. Ne'ed.
32. 'Ad Balsay.
33. 'Ad Selṭan.
34. Kuākhyā.
locus patris Gaber Ḫēr[1].
35. Dāmba Miṣ.
36. Meruq (F. 297 *r.*).
37. 'Ad Guarato.
38. 'Ad Ṣā'di.
39. 'Abiy 'Addi.
40. 'Ad Gandafar.
41. 'Ad Kebud.
42. 'Ad Abisa.
*p. 46. 43. 'Ad Bulād.
44. Ḫelilek.
locus *patris* Dāgma Iyemawt[1].
45. 'Ad Ǧemal.
46. 'Ad Adēnāy.
47. Ba'āt Anṣwā.
Apud flumen 'Ad Ḥaṣabā[1].
48. Ṭe'um Kudo.
49. Beḥnunā.
50. 'Ad Kiros.
51. 'Ad Sarāwāt.
In planitie[1].
52. 'Ad Yoḥanneso.
Apud Māya Ṭaṭu[1].
53. 'Ad Ayē.
Ad flumen Ma'edawyā[1].
54. 'Ad Kabibo.
55. Māy Laḥam.
In Māy Haro, quod descendit e (*aut* quo?) Māy Ṣaqamṭē[1].
56. 'Ad Sargis.
57. Eddā abbā Ananya.
58. Arqezāna.
59. 'Ad Samrāy.
60. 'Ad Mani.
61. Damba.
et eius fines exitus Meṭhan et Emba Barya et Māya Imat usque ad Marab[1].
62. 'Ad Kuala.
63. 'Ad Ḫābar.
64. 'Ad Malē usque ad Metekāl Alāmā.
65. Dahdak Nābo.
66. *Adogālbo.
67. Bēt abbā Garima usque ad Māy 'Ayn.
68. Eddā abbā Endreyās, de Efun.
69. 'Ad Tasfā Le'ul.
70. O'o.

[1] In ms. a posteriore manu haec adiecta videbantur.

71. Maragañā, ʿAd Sangui.
72. Barbar Zagi.
73. Kuedo Falāsi.
ʿAd Bāri[1].
74. Terra Selusit.
Barrāh[1].
75. ʿAd Guʾubo.
ʿAd Zarnā[1].
76. Makā Radāʾi.
Tākitā[1].
77. ʿAd Zammar.
ʿAd Agarāy. Ṣarantā[1].
ʿAd Garṭaṭi[1].
78. ʿAd Debus.
79. ʿAd Abbazā Habtoy.
80. Ṣeneʿeto.
81. Ṣiʾat.
82. ʿAd Daqq Senʿā.
Edāgā Deḫnā[1].
83. Bāmbeqo.
84. In Ḥamāsēn, vero, Adeqē.
Qāqebdā[1].
85. ʿAd Abzamāt.
Wagariqo[1].
86. ʿAd Guāʿdād.
87. Dāʿro Pāwlos.
88. Maqarkā.
89. Aqotāb.

Hic civitatum est numerus, quas Rex noster Dāwit, filius Sayfa Arʿad, patri nostro Marqorēwos dedit, ut ei praemonstratores ad regnum caelorum essent. Nunc vero, vos liberi Belēn Sagadē et homines *provinciae* Sarāwē, *coenobii* nec feuda nec arva transgredimini vel defraudate; nec omnia quae Dabra Demāḫ peculium sint pro ceteris locis habete, namque ibi multi iusti sunt et ex omnibus abbā Marqorēwos coenobiis Dabra Demāḫ maximum est. Patris nostri Marqorēwos benedictio cum nobis omnibus in sempiternum sit, Amen.

Caput. — Patris nostri Marqorēwos civitatum, quae in terra Serē sunt, numerum scribemus : 1. Qarna Anbazā. 2. Aṣāṣemā. 3. Guarasā. 4. Embā Ḫuāḫuilā. 5. Qāgmā. 6. Ṣāḫlo. 7. Felfeli. 8. Saqar Dāmbā. 9. ʿAd Ḫadguy. 10. Adeqē. 11. Barqāho. 12. Madalbā. 13. Maṣbalibā. 14. Čarambā. — Et in terra Adēt autem Edāgā Besoy. — Patris nostri Marqorēwos preces et benedictio cum nobis omnibus in sempiternum sint, Amen et amen.

Salomē cum sua gnata Makbeyu, sorore Marqorēwos, in Addeqmēso incolebat. Venator quidam, e Regis Šawā sectatoribus, Makbeyu in solitudines pererrantem vi deprehendit et cognovit ut mares feminas cognoscunt, et

[1] In ms. a posteriore manu haec adiecta videbantur.

eius virginitatem fregit, virgo enim illa erat[1]». Novem post menses, Makbeyu filium peperit cui nomen Tēwodros inditum est, et quem celeberrimum sacerdotem futurum esse Marqorēwos vaticinatus est[2].

Olim Filpos, Absādi et Marqorēwos in Guadā' congressi mysticas sibi invicem visiones retulerunt et explicaveruntus est[3].

*p. 47. *Cum pater noster Marqorēwos in coenobio suo Dabra Demāḫ esset, mulier quaedam, locuples, cui nomen erat Dengel Ṣyon, eius historia audita, ex urbe sua surrexit : urbs eius vero terra Ṣalamt erat, et peculiariter Ǧān Amorā appellabatur. Venit et flumen Takazi transiecit: cum ea multi erant homines, et filius eius equidem aeger et infirmus super lecticam vehebatur. Illa ad terram Sarāwē pervenit et eius coenobium, Guarasā, attigit.

Illa, vero, unius ex optimatibus uxor erat, cui nomen Tasfā Ṣyon. Marqorēwos puerum sanavit; qua de causa Tasfā Ṣyon et multi e provincia Ṣalamt magnis cum muneribus ad coenobium convenerunt; «e Gadāma Guarasā surrexerunt, flumen Marab transiverunt et Dabra Demāḫ attigerunt[4]», ubi munera antistiti dederunt.

Deinde Marqorēwos abbā Endreyās ad Gadāma Efun, abbā Abrehām ad 'Ad Sarawāt, abbā Yesḫay ad 'Ad Zewāb, abbā Sem'on ad terram Ṣē'āt, abbā Enṭonyos ad Māy Leṣuy quo ipse serpentis vulnere periit; abbā Mārmeḥnām ad 'Ad Ma'āmen, abbā Yosṭenos ad Adogolbo, abbā Garimā ad 'Ad Saguāgui vel praecise ad fontem 'Ad Marab, abbā Na'amen Ba'egzi' ad Ḫeleleḫ, Dāgmāy Garimā ad Maragañā misit.

Mātēwos, ex optimatibus terrae Šawā, facinoribus, quae coram Regis misso Walda Egzi' facta erant, auditis, Regi Dāwit veniam eundi ad sanctum petiit.

[1] Fragm. brev., n° 26. — [2] Huius narrationis locus hic fuisse non videtur. — [3] Huius narrationis locus hic fuisse non videtur. — [4] Fragm. brev., n° 27.

Eo tempore Rex noster Dāwit, filius Sayfa Arʿad, cum annos xxix menses v imperasset, diem obiit, et Tēwodros filius suus annos iii imperavit.

Ne Rex novus veniam abeundi negaret veritus, Mātēwos cum suis noctu aufugit, flumen Bāšelo in Amḥarā (*sic!*) transiit, Dabra Demāḫ attigit, et, a Marqorēwos monachali veste indutus, coenobia in Sarāwē et Serē condidit; denique, e Serē ad Sarāwē incedens, diem supremum egit : de sua vita historia (*seu* maṣḥafa gadl) exstat. Sepulcrum eius in Addeq Ṣenʿā est.

Cum pater noster Marqorēwos annum suum centesimum ageret et vigesimum, Rex noster Dāwit II, die ix *mensis* ṭeqemt mortuus est : cum pater noster Marqorēwos annum ageret centesimum et vigesimum tertium, Rex noster Tēwodros, filius Dāwit II, die xxx *mensis* sanē mortuus est, et Yesḥaq imperavit qui Georgii sacellum in Dimā condidit. Anno VII post quam Rex noster Yesḥaq rex factus erat, cum pater noster Marqorēwos annum suum centesimum et trigesimum ageret, descendit e caelo

eius mortis nuntium. Paulo post,

eius anima dimidiae noctis tempore, quae inter quintam feriam et sextam erat, die x mensis fāmēnotā syriaco idiomate, die xi mensis fērmā Francorum idiomate, die xvi mensis sebāṭ coptico[1] idiomate, aethiopico autem idiomate die xvi mensis tāḫsās, e corpore exiit.

Salomē, abbā Tomās, abbā Zakāryās, abbā Besoy, discipuli universi, e Dabra Demāḫ et e Gadāma Guarasā conventi, magnos de eo fletus fecere. Inde, abbā Tēwodros, abbā Warada Qāl, abbā Tomās, abbā Mazgaba Sellāsē, abbā Mārmeḥnām, abbā Abrehām, abbā ʿAmda Hāymānot et abbā Barakata Sellāsē sancti cadaver ad Dabra Demāḫ inhumavere.

(1) Sic cod., coptico mense pro syriaco et vicissim apposito.

Ut Marqorēwos exoptaverat, abbā Gaber Ḫēr coenobii Dabra Demāḫ antistes factus est : erant tunc coenobio fratres nongenti, monachae trecentae et quinquaginta. Sed, cum Gaber Ḫēr humili loco natus esset, seditio in coenobio contra eum exorta est. Dabra Demāḫ declinavit : pestilentia magna, compluribus interfectis, ceteris fugatis, omnino vastavit. Quo Marqorēwos maximum coenobium condiderat, solitudo et rudera fuere. Gaber Ḫēr ad Sirē, ad Qarna Ambazā incessit, muneris insignia antistiti Zakāryās tradidit, in Wāǧerāt se recepit, in Gadāma Arārāt mortuus est. Et desertum in Dabra Demāḫ usque ad Regem Susenyos, annos centum et septuaginta quinque fuit : proximarum terrarum agricolae tantum ad annuum festum celebrandum quotannis ibi conveniebant.

Caput. — Iterum, patris nostri Takla Iyasus, eremitae, spiritalium generationum numerum scribemus.

Pater noster Zakāryās patrem nostrum Pākuemis genuit; et pater noster Pākuemis patrem nostrum Tasfā Ḥawāryāt genuit; et pater noster Tasfā Ḥawāryāt patrem nostrum Tomās de Ati genuit, et pater noster Tomās patrem nostrum Ṣēwā Dengel de Guenāguenā genuit, et pater noster Ṣēwā Dengel patrem nostrum Me'emana Dengel de Čugi genuit; et pater noster Me'emana Dengel patrem nostrum Tawalda Madḫen genuit. Pater noster Tawalda Madḫen ex Adāgāt ad Sarāwē venit, et patrem nostrum Filpos de Bāmbeqo
*p. 48. genuit, inde ad suam terram Adāgāt rediit : eius monachatus temporibus, *pater noster Tawalda Madḫen patrem nostrum Filpos super cathedram secundum magistrorum canones posuit et ei crucem dedit, deinde in pace ad terram suam rediit; et pater noster Filpos in coenobium suum Bāmbeqo ingressus est. Patris nostri Tawalda Madḫen benedictio nobiscum in sempiternum sit, Amen.

Caput. — Iterum, quomodo pater noster Takla Iyasus, citharoedus, e patris eius Filpos de Bāmbeqo manibus monachatum accepit scribemus.

Patris nostri Takla Iyasus initium generationis et terra gentilicia ʿAd Ḥezbāy fuit : patri eius Amina Ab, matri eius Ēlsābēt nomen fuit. Eius pueritiae diebus, haec ei agendi ratio fuit. Sicut

David filius Esei, ovium pastor erat; et socium quendam, cui erat nomen Germā Sellāsē inditum, in primis deamabat. Die quadam, cum iocando luderent ambo, dixerunt : «Seminis nostrum membrum recidamus, namque ipsum patres nostri ad inferna nos deiicere dixere.» Post haec, seminis membrum reciderunt[1] . . . . . et eos tulerunt domumque induxerunt. Deinde e vulnere convaluere. Tunc, ad patrem nostrum Filpos de Bāmbeqo ambos duxere, et discipuli eius fuere. Et pater noster Filpos ad Dabra Demāḫ, ubi pater eius Marqorēwos sepultus erat, venit, in ipsius finibus stetit et patrem nostrum Takla Iyasus, qui tunc annum agebat quintum et vigesimum[2], monachali veste induit et vaticinatus est[3] . . . . His dictis, pater noster Filpos ad suum coenobium Bāmbeqo rediit. Pater noster Takla Iyasus annos decem in ʿAd Sabeʾa Šerē commoratus est, et quotannis, cum archangeli Gabrielis tabernaculum teneret, patris eius Marqorēwos commemorationem in suo coenobio Dabra Demāḫ, ubi eius ossa humata erant, cum militibus multis celebrabat, namque infidelium ad coenobii locum adventus metum intendebat, ut nunc Abrantāti solitudo metum intendit quo milites multi quotannis magno metu, Quattuor Animalium festo, id est die VIII mensis ḫedār, peregrinantur. Inde, cum *Takla Iyasus*, annos quinque et viginti natus, vitae monasticae annum ageret decimum, pater noster Filpos venit, patrem nostrum Takla Iyasus *p. 49. super cathedram posuit *et crucem ei dedit, nec *Takla Iyasus* ab hac die usque ad eius mortis tempus egressus est. Regis nostri Susenyos imperii anno II, pater noster Takla Iyasus suam sedem in Dabra Demāḫ confirmavit. Cum pater noster Takla Iyasus annum ageret tertium et sexagesimum, Rex noster Susenyos, qui Alexandrinam fidem oderat et Romanam fidem diligebat, mortuus est; filius eius Fāsiladas, orthodoxus, cui nomen imperii ʿAlam Sagad inditum est, Rex fuit. Pater noster Takla Iyasus Dabra Demāḫ restituit et confirmavit; conventuales vero multiplicati sunt valde; una die, pueros et veteres centum et quinquaginta, mulieres autem quinque et nonaginta monachali veste induit. Iterum, ab ipso quattuor cucullo et stola generati sunt liberi, quorum propter facinora eius nomen et nomen patris eius Marqorēwos celebrata sunt; et istorum liberi eorumque liberorum liberi crevere et adhuc

[1] Quinque manuscripti versus igne deleti. — [2] Haec cum sequentibus minime conveniunt : an «quintum et decimum» legendum est? — [3] Quatuor versus manuscripti igne deleti.

sunt; pater noster Mesrāqāwi, pater noster Mafqarē Krestos, pater noster Temherta Ḫebuʿāt, pater noster Maswāʿeta Ṣyon : hi vero Dabra Demāḫ post patrem nostrum Marqorēwos restauravere. Pater noster Takla Iyasus usque ad Regis nostri Yoḥannes, cui nomen imperii fuit Aʾlāf Sagad, imperii annum XII mansit. Rex noster iste Yoḥannes patrem nostrum Takla Iyasus dilexit. Huius Regis temporibus Dabra Demāḫ valde restauratum est. Huius Regis consilii et patris nostri Takla Iyasus consilio, feminae et mares simul fuere, quae vero antea patris nostri Marqorēwos constitutio non fuerat. Patris nostri Takla Iyasus vitae dies omnes anni CX fuere. Ipse autem die xxix mensis ḥamlē obiit et in eius coenobio Dabra Demāḫ, quod suis precibus et supplicationibus renovaverat, humatus est. Patris nostri Takla Iyasus benedictio cum nobis omnibus in sempiternum sit. Fiat et fiat! Amen et amen!

197 / Subsidia, 17. A. Vööbus, *History of asceticism in the Syrian Orient. A contribution to the history of culture in the Near East.* II. *Early monasticism in Mesopotamia and Syria.* 1960. xxxii-437 p. — Cfr vol. 184.

198 / Syr.84. Ed. Beck, *Des Heiligen Ephraem des Syrers Hymnen de Ecclesia.* 1960. xi-142 p. — V : vol. 199. Cfr vol. 154, 169, 174, 186, 212.

199 / *Syr.85.* Ed. Beck, *Des Heiligen Ephraem des Syrers Hymnen de Ecclesia.* 1960. vi-146 p. — T : vol. 198. Cfr vol. 155, 170, 175, 187, 213.

200 / Syr.86. A. de Halleux, *Martyrius (Sahdona). Œuvres spirituelles, I. Livre de la Perfection,* 1e Partie. 1960. xviii-160 p. — T : vol. 200. Cfr vol. 214.

201 / *Syr.87.* A. de Halleux, *Martyrius (Sahdona). Œuvres spirituelles, I. Livre de la Perfection,* 1e Partie. 1960. xviii-149 p. — V : vol. 201. Cfr vol. 215.

202 / Iber.11. G. Garitte, *La Prise de Jérusalem par les Perses en 614.* 1960. iii-91 p. — T: vol. 202.

203 / *Iber.12.* G. Garitte, *La Prise de Jérusalem par les Perses en 614.* 1960. ii-69 p. — V: vol. 203.

204 / Iber.13. M. Tarchnischvili, *Le grand lectionnaire de l'Eglise de Jérusalem* (ve-viiie s.). II. 1960. 163 p. — V : vol. 205. Cfr vol. 188.

205 / *Iber.14.* M. Tarchnischvili, *Le Grand lectionnaire de l'Eglise de Jérusalem* (ve-viiie s.). II. 1960. 138 p. — T : vol. 204. Cfr vol. 189.

206 / Copt.29. K. H. Kuhn, *Pseudo-Shenoute on christian behaviour.* 1960. vii-91 p. — V : vol. 207.

207 / *Copt.30.* K. H. Kuhn, *Pseudo-Shenoute on christian behaviour.* 1960. ii-77 p. — T : vol. 206.

208 / Aeth.39. M. van den Oudenrijn, *Helenae Aethiopum reginae quae feruntur preces et carmina.* 1960. xvii-199 p. — V : vol. 211.

209 / Ar.22. P. Cachia, *Eutychius of Alexandria, The Book of the Demonstration* (*Kitāb al-Burhān*), II. 1961. 153 p. — V : vol. 210. Cfr vol. 192.

210 / *Ar.23.* W. Montgomery Watt, *Eutychius of Alexandria, The Book of the Demonstration* (*Kitāb al-Burhān*), II. 1961. 96 p. — T : vol. 209. Cfr vol. 193.

211 / *Aeth.40.* M. van den Oudenrijn, *Helenae Aethiopum reginae quae feruntur preces et carmina.* 1961. xiv-141 p. T : vol. 208.

212 / Syr.88. Ed. Beck, *Des Heiligen Ephraem des Syrers Sermones de Fide.* 1961. v-54 p. — V : vol. 213. Cfr vol. 154, 169, 174, 186 et 198.

213 / *Syr.89.* Ed. Beck, *Des Heiligen Ephraem des Syrers Sermones de Fide.* 1961. iii-82 p. — T : vol. 212. Cfr vol. 155, 170, 175, 187 et 199.

214 / Syr.90. A. de Halleux, *Martyrius (Sahdona). Œuvres spirituelles, II. Livre de la Perfection,* 2me Partie (ch. 1-7). 1961. 95 p. — V : vol. 215. Cfr vol. 200.

215 / *Syr.91.* A. de Halleux, *Martyrius (Sahdona). Œuvres spirituelles, II. Livre de la Perfection,* 2me Partie (ch. 1-7). 1961. 100 p. — T : vol. 215. Cfr vol. 201.

216 / Arm.3. C. J. F. Dowsett, *The Penitential of David of Ganjak.* 1961. ix-97 p. — V : vol. 217.

217 / *Arm.4.* C. J. F. Dowsett, *The Penitential of David of Ganjak.* 1961. xvii-88 p. — T : vol. 216.

218 / Syr.92. Ed. Beck, *Des Heiligen Ephraem des Syrers Carmina Nisibena,* I. 1961. vii-87 p. — V : vol. 219. Cfr vol. 154, 169, 174, 186, 198 et 212.

219 / *Syr.93.* Ed. Beck, *Des Heiligen Ephraem des Syrers Carmina Nisibena,* I. 1961. vi-112 p. — T : vol. 218. Cfr vol. 155, 170, 175, 187, 199 et 213.

220 / Subsidia 18. L. Leloir, *Doctrines et méthodes de S. Ephrem d'après son Commentaire de l'Evangile Concordant (original syriaque et version arménienne).* 1961. viii-72 p.

221 / Aeth.41. Kurt Wendt, *Das Maṣḥafa Milād (Liber Nativitatis) und Maṣḥafa Sellāsē (Liber Trinitatis) des Kaisers Zar'a Yā'qob.* 1962. vi-127 p. — V : vol. 222.

222 / *Aeth.42.* Kurt Wendt, *Das Maṣḥafa Milād (Liber Nativitatis) und Maṣḥafa Sellāsē (Liber Trinitatis) des Kaisers Zar'a Ya'qob.* 1962. ii-112 p. — T : vol. 221.

223 / Syr.94. Ed. Beck, *Des Heiligen Ephraem des Syrers Hymnen de Virginitate.* 1962. xii-174 p. — V : vol. 224. Cfr vol. 154, 169, 174, 186, 198, 212 et 218.

224 / *Syr.95.* Ed. Beck, *Des Heiligen Ephraem des Syrers Hymnen de Virginitate.* 1962. vii-160 p. — T : vol. 223. Cfr vol. 155, 170, 175, 187, 199, 213 et 220.

225 / Copt.31. C. Detlef G. Müller, *Die Bücher der Einsetzung der Erzengel Michael und Gabriel.* 1962. viii-103 p. — V : vol. 226.

226 / *Copt.32.* C. Detlef G. Müller, *Die Bücher der Einsetzung der Erzengel Michael und Gabriel.* 1962. vi-121 p. — T : vol. 225.

CORPUS SCRIPTORUM CHRISTIANORUM ORIENTALIUM
DE LOUVAIN-WASHINGTON

Les volumes du CSCO sont actuellement désignés par un sigle en deux parties qui exprime leur numéro d'ordre dans la *collection* et leur numéro d'ordre dans la *section* à laquelle ils appartiennent (Aeth. = éthiopienne, Ar. = arabe, Arm. = arménienne, Copt. = copte, Iber. = géorgienne, Syr. = syriaque, Subsidia); quand le volume est une version, la seconde partie du sigle est mise en italiques, — par ex. CSCO 133 / Syr.68 (qui est un texte), mais CSCO 134 / *Syr.69* (qui est une version). Dans le présent Catalogue général, la désignation utilisée autrefois pour les vol. 1-123 et 125 fait suite à la désignation actuelle; T indique un volume de texte, et V un volume de version.

Le Catalogue général est envoyé sur simple demande adressée au secrétaire général de la Collection.

Souscriptions, commandes, offres de collaboration et, d'une manière générale, toute correspondance relative au CSCO doivent être adressées comme suit :

Professeur René DRAGUET,
Secrétaire général du CorpusSCO
49, Chaussée de Wavre, LOUVAIN-HÉVERLÉ, Belgique.

Derniers volumes parus:

181 / Aeth.35. M. ALLOTTE DE LA FUYE, *Actes de Filmona.* 1958. ii-74 p. — V : vol. 182.

182 / *Aeth.36.* M. ALLOTTE DE LA FUYE, *Actes de Filmona.* 1958. xii-73 p. — T : vol. 181.

183 / Subsidia, 13. M. WILMET, *Concordance du Nouveau Testament sahidique.* II. *Les mots autochtones,* 2. 1958. p. 605-1165. Cfr vol. 124, 173, 185, 196.

184 / Subsidia, 14. A. VÖÖBUS, *History of asceticism in the Syrian Orient. A contribution to the history of culture in the Near East.* I. *The origin of asceticism. Early monasticism in Persia.* 1958. xxxvii-342 p. — Cfr vol. 197.

185 / Subsidia, 15. M. WILMET, *Concordance du Nouveau Testament sahidique,* II. *Les mots autochtones,* 3. 1959. p. 1167-1757. — Cfr vol. 124, 173, 183, 196.

186 / Syr.82. E. BECK, *Des hl. Ephraem des Syrers Hymnen De Nativitate (Epiphania).* 1959. xxviii-232 p. — V : vol. 187. Cfr vol. 154, 169, 174, 198, 212.

187 / *Syr.83.* E BECK, *Des hl. Ephraem des Syrers Hymnen De Nativitate (Epiphania).* 1959. xiv-223 p. — T : vol. 186. Cfr vol. 155, 170, 175, 199, 213.

188 / Iber.9. M. TARCHNISCHVILI, *Le grand lectionnaire de l'Église de Jérusalem* (ve-viiie s.), I. 1959. xvi-174 p. — V : vol. 189. Cfr vol. 204.

189 / *Iber.10.* M. TARCHNISCHVILI, *Le grand lectionnaire de l'Église de Jérusalem* (ve-viiie s.), I. 1959. viii-139 p. — T : vol. 188. Cfr vol. 205.

190 / Aeth.37. E. CERULLI, *Atti di Giulio di Aqfāhs.* 1959. ii-124 p. — V : vol. 191.

191 / *Aeth.38.* E. CERULLI, *Atti di Giulio di Aqfāhs.* 1959. iii-92 p. — T : vol. 190.

192 / Ar.20. P. CACHIA, *Eutychius of Alexandria, The Book of the Demonstration (Kitāb al-Burhān),* I. 1960. x-217 p. — V : vol. 193. Cfr vol. 209.

193 / *Ar.21.* W. MONTGOMERY WATT, *Eutychius of Alexandria, The Book of the Demonstration (Kitāb al-Burhān),* I. 1960. vi-169 p. — T : vol. 192. Cfr vol. 210.

194 / Copt.27. R. KASSER, *Papyrus Bodmer VI. Livre des Proverbes.* 1960. xxx-169 p. — T : vol. 194.

195 / *Copt.28.* R. KASSER, *Papyrus Bodmer VI. Livre des Proverbes.* 1960. xiii-40 p. — V : vol. 195.

196 / Subsidia, 16. R. DRAGUET, *Index copte et grec-copte de la Concordance du Nouveau Testament sahidique* (CSCO 124, 173, 183, 185). 1960. ix-180 p.

(voir suite au recto)

Imprimerie orientaliste, s.p.r.l, Louvain (Belgique)